大展好書　好書大展
品嘗好書　冠群可期

中華傳統武術 1

中華古今兵械圖考

裴錫榮 韓明華 江松友 合編

大展出版社有限公司

總　序

　　中華民族有著燦爛的文化寶庫，武術是其中一顆璀璨珠璣。悠久的中華傳統武術文化，爲保家衛國、強身健體、祛病延年作出過積極貢獻。縱觀歷史長卷，隨著歷史文化的發展與社會制度的更迭，武術在這漫長歲月裡，幾經盛衰，走過了一段曲折的路程，表現出了頑強的生命力。

　　中華傳統武術早在 1936 年德國柏林召開的第十一屆奧林匹克運動會上進行了精彩的表演，當時由前中央國術館組隊並邀請鄭懷賢武術教授共同參加了奧運會。中國武術表演爲第十一屆奧運會增添了嶄新的花絮，給各國運動員和觀眾留下了印象。會後代表隊又在漢堡等地做了多場巡回演出，受到了德國人民的友好稱讚。

　　1949 年，中華人民共和國宣布成立，給中華傳統武術帶來了春天般的勃勃生機。武術運動在黨和政府的關懷下，得到了迅猛的發展。中華武術不僅成爲人民大眾強身健體的鍛鍊項目，而且已經走進了亞運會的殿堂。傳統武術的挖掘、整理工作也取得了顯著成果，出版的武術書籍如雨後春筍，對中國武術事業的繁榮起到了積極作用。

　　中國武術拳種繁多。改革開放以後，世界各國的

武術社團及武術愛好者，相繼來到中國學習中華武術和交流技藝；中國的武術運動員、教練員也不斷走出國門傳授武術、參加國際武術比賽，進行各種武術文化交流活動。武術源於中國，屬於世界。1990 年「國際武術聯合會」順應武術蓬勃發展的形勢而成立。中國武術正邁向奧運。

中華傳統武術文化是一種以人爲對象的人文科學，它集健身祛病、技擊攻防和自娛娛人等藝術價值爲一體，匯東方文化於一身，具有獨特的研究價值。它不僅是一種形體鍛鍊和精、氣、神的內在運動，更是一種精神陶冶。

時逢盛世，全面、深入地整理、繼承和發揚中華傳統文化遺產，吸取其精華，推陳出新，是歷史賦予我們的使命。爲此我們編輯了《中華傳統武術》叢書。

本書收入了各家各派的武術優秀拳械套路，可謂百花齊放，四海一家，我武維揚，是爲序。本套叢書包括：

上篇

（一）中華古今兵械圖考

（二）武當劍

（三）八卦六十四刀動作

（四）八卦七星杆動作

中篇

（五）梁派八卦掌

（六）心意六合拳全書圖解

　　本書在編寫過程中，承蒙上海市武術協會、上海武術院、上海市氣功科學研究會的大力支持，在此表示謝意。

　　　　　　　　　　　　《中華傳統武術》叢書編委會

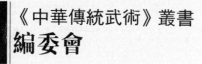

《中華傳統武術》叢書
編委會

目　錄

第一章 概　述

　　中國古今傳統兵械，是中華民族文化瑰寶，具有源遠流長的歷史。古今兵械源於古代勞動人民的打獵和捕魚等所用工具，隨著階級的產生，原用於打獵捕魚的工具也就逐漸演變成了戰鬥的武器。由於時代和戰爭形態的發展演變，其中一部分兵械仍用於戰爭；另一部分兵器則被摒棄，演變為強體衛身的健身器械而被保留了下來，逐步形成了現代的武術項目和現代競技項目。

　　我們的祖先是勤勞、勇敢、智慧的。遠溯五、六十萬年之前，就知道用一塊石頭去砸碎另一塊石頭，從中挑選出一些銳利的石塊，用來砍斫所要用的樹枝。這便製造出了我國第一批石器工具和木器工具。也與此同時產生了我國最早的石兵器和木兵器。

　　在原始社會裡，勞動者所使用的工具和自衛防身的武器是不分的。我國古代兵械的發展可以分為石兵器時期、青銅兵器時期、鐵兵器時期和火器與冷兵器併用時期四個階段。

一、石兵器時期

　　原始社會主要是使用石兵器，同時也使用竹木兵器。如生活在距今約五、六十萬年以前的北京猿人，他們採集石英石或砂岩，或少量的燧石和水晶石，經過初步的加工後，製

成帶有鋒利邊緣或銳利鋒矢的石器，用來捕殺猛獸和自衛。恩格斯在《勞動在從猿到人轉變過程中的作用》一文中指出：「根據我們已發現的先史時期的人的遺物來判斷，根據最早歷史時期人種與現在不開化的野蠻人的生活方式來判斷，最早的工具究竟是些什麼東西呢？是打獵和捕魚的工具，而同時又是武器。」到了舊石器時代晚期，人們在木棒頂端綁上經過加工的石塊，製成了石矛、石斧、石標等，並且發明了遠射兵器——弓箭。「弓、弦、箭已經是複雜的工具，發明這些工具要有長期積累的經驗和較發達的智力，因而也要同時熟悉其它許多發明」（引自恩格斯《勞動在從猿到人轉變過程中的作用》）。

以後，磨製技術有了很大的發展，人們大量使用經過精細磨製的石斧、石刀、石戈、石矛、石彈、石刃、石匕首、硅、石鐮刀、石鏟、石鏃等石兵器，以及石製、骨製的標槍頭和矢鏃、石臂筒、七孔石刀和帶箭頭的股骨等。據《韓非子》記載：「人民少而禽獸眾」，「食草木之實、鳥獸之肉」，「未有麻絲，衣其羽皮」。

原始人類之所以能進行狩獵，並戰勝凶猛的野獸，除了合群互助之外，更重要的是人們能夠製作和使用工具，先是用石塊和木棒同飛禽猛獸搏鬥，以後又「屈竹為弓，伐竹木以為矢」，創造了最早的弓箭，在許家窯文化遺址發現了大量的石球。

原始人們將一些石球用藤索繫起，製成「飛石索」，在狩獵中順手拋出，利用旋轉力量纏、擊猛獸。這就是武術器械中「流星錘」的雛形，在陝西省西安市半坡遺址中，曾出土了母系氏族社會的文物，一種捕魚用的「飛叉」，尾端帶

有結節，繫上繩索，將叉拋出捕魚。然後抓住繩索將叉收回，這就是軟兵器械的雛形。

這個時期的生產工具和戰鬥兵器依然是不分的，它們既是生產工具又是戰鬥武器。隨著社會生產力的發展，到了原始社會末期，出現了私有財產，從而發生了掠奪奴隸和財富的戰爭，從此，兵器開始從勞動工具中獨立出來，成為戰爭的一種特殊工具了，我國古籍中有關「蚩尤造五兵」的傳說，大概就是這一歷史時期的具體反映。

二、青銅兵器時期

至殷、商代青銅兵器有了長足的發展。銅器的出現，標誌著人類社會從石製工具時代進入到了使用金屬器具的時代。青銅兵器的使用，使兵器進入了一個全新的歷史階段，給社會的發展注入了新的活力和生機。

所謂青銅兵器，即用青銅製造的兵器。青銅是紅銅加錫的合金材料，因為用這種合金製造的兵器顏色呈青灰色或青綠色，故名青銅兵器。

我國青銅兵器時期是與我國青銅器時代及奴隸社會相始終的，即從公元前 21 世紀的夏代開始至公元前 5 世紀的春秋戰國時代止，先後經歷了夏、商、西周和春秋，佔據了中國古代戰爭舞臺長達一千六百餘年。在這漫長的歷史長河中，無論是國王還是諸侯，都是以戰車的擁有量及其武器裝備來作為衡量一國軍事強弱的重要標誌。所謂「千乘之國，萬乘之君」則成為顯示國力強盛的象徵。為了滿足戰車的需要，青銅兵器亦隨之得到迅速的發展。

夏代仍沿用石製兵器，但在原來的基礎上有所改進，有了少量的青銅兵器。至商代，青銅兵器已經比較發達了。

一是兵器的種類增多，從考古發掘的文物來看，有弓、矢、戈、矛、大矛、短刀、大刀、斤、鉞、盔、兵車等。1935 年，在河南省安陽殷墟出土的商代文物已有銅矛頭、銅勾、銅戚、銅刀、銅斧、銅鏃等，另外，在山東省益都出土的商代的兵器有銅鉞、銅頭玉矛、銅戈。

二是青銅兵器的製作技術較高，青銅兵器在銅、錫、鉛合成比例上已經比較科學。什麼兵器用什麼樣的比例配製合金相當講究，質量上乘。

三是商代軍隊普遍裝備了青銅兵器，當時主要有車兵和步兵，車兵已廣泛使用了斧、鉞、戈、矛等青銅兵器作戰了。

西周青銅兵器在商代青銅兵器的基礎上有較大的發展。西周時期就青銅器的鑄造技術的總體來看仍然因襲商代，沒有重大的發展。唯獨青銅兵器的製造超過了商代，青銅兵器的種類比商代增多，兵器進一步多樣化。這個時期的長兵器有戈、戟、鉞、矛、斧等，短兵器則有刀、劍、雙鉤等。青銅兵器的質地頗具精良和堅利，其構造比商代有較大的改造。如矛的長度加長，刃長而銎管短，戈由無胡無穿發展到短胡一穿，有的甚至三穿、且內有刃，寬胡斜刃戈也開始問世。尤其是短兵器，周代比商代有了更大的發展。

春秋時期，諸侯紛爭，戰爭頻繁，為了滿足當時車戰的需要，青銅兵器發展到全盛時期。無論在兵器的形製、數量、質量等方面都有提升和改進，具體表現在：

一、青銅兵器製造的範圍擴大了，不但王室製造青銅兵

器，各諸侯國也大量製造青銅兵器。

二、青銅兵器的形製有了顯著的改進，一般都比較輕便靈巧，殺傷力加大。如常用之戈胡加長，多有三至四穿，縛秘更牢，戈身呈弧形而尖，便於錐刺。矛漸向細長演變，鋒部越來越厚實。

三、青銅兵器的冶鑄技術已達到了相當成熟的階段。如春秋本的《考工記》裡對青銅兵器中的銅、錫、鉛三種成分的配比作了明確的規定，足以說明當時青銅兵器的冶鑄技術達到了較高的水平。如越王矛、越王勾踐劍、吳王夫差劍等稀世珍品的出土，就是這一時期的代表作品。

三、鐵兵器時期

鐵兵器始於周代，戰國時期已普遍使用。從戰國時期開始，我國進入到封建社會。隨著封建社會經濟的繁榮，科技水平的提高，冶鐵業也迅速的發展起來。由於鐵的蘊藏量較為豐富，鐵器的堅硬度比銅器要強，又易於鑄造。因此，鐵兵器逐漸代替了銅兵器，成為當時戰爭的主要兵器。

鐵兵器的品種更加齊全，據古籍記載以及大量的出土文物表明，當時的鐵兵器有戈、戟、矛、殳、斧、鉞、錘、錐、刀、劍、匕首等，並廣泛地應用於戰爭當中。

從戰國時候開始，經秦、漢、魏、晉、南北朝、隋、唐，直到唐末火器的出現為止，這一時期是我國兵器發展史上的鐵兵器時期。在這一漫長的歷史歲月裡，歷代統治者為了戰爭的需要，都十分重視生產大量的質地優良和成本低廉的鐵兵器。當時士兵衣著鐵甲，手操鐵杖，使用鐵斧、鐵

刀、鐵鉞、鐵矛、鐵戟、鐵劍等鐵製兵器及戰船等水戰武器。這些武器製造很精湛，造型講究，殺傷力強，堪稱世界兵器寶庫中的瑰寶，顯示了中國兵器發展史上的燦爛與輝煌。

戰國時期，雖然進入了鐵兵器的時代，但青銅兵器與鐵兵器依然並存，而且還經常使用並在製造技術方面有所進步。1974～1977年底，在陝西臨潼秦始皇陵東側的秦俑叢葬坑中，出土了大批的武士俑及其攜帶的數萬件矛、戈、鉞、鏃、秦弓、吳鉤等各類兵器。這些兵器中絕大多數是青銅兵器，它們出土如新，不蝕不鏽，堅韌犀利，完好如初。

考古專家們對青銅劍和青銅鏃等兵器進行化驗，證明了它們是經過了鉻化處理的，其表面生有一層致密的黑色氧化層。而這種鉻化工藝，德國人在公元1937年、美國人在公元1950年才先後採用，並被列為專利加以保護。然而，我們的祖先早在兩千多年前的秦代就創造了類似的工藝，這是我國冶煉史和青銅兵器製造史上的奇蹟和驕傲，充分顯示了中華民族的聰明才智。

當時的青銅兵器雖然已經很發達了，但人們更加青睞於鐵兵器的運用。由於鐵兵器諸優於銅兵器，故其發展很快。那個時期，南到楚國的湖南，北到燕國的遼東半島和漁陽（今北京密雲縣），西到秦國的武威，東到齊國，在這片廣大的區域內都使用了鐵兵器。當時楚、韓、燕等國都是製造鐵兵器有名的國家。

據史書記載，楚國「宛鉅鐵釶，慘如蜂蠆」（摘自《荀子・議兵篇》）。韓國冥山、棠溪、墨陽、合膊、鄧師、宛馮、龍淵、太阿製造的劍、戟，能「陸斷馬牛、水擊鵠雁，

當敵即斬」（摘自《戰國策‧韓策一》）。中山國的士卒身著鐵甲，手持鐵杖交戰「所擊無不碎，所沖無不陷」（摘自《呂氏春秋‧貴卒篇》）。

今湖南、湖北等地的戰國楚墓已經多次發掘出土了劍、戟、矛、戈、鏃等多種鐵兵器。僅湖南長沙、衡陽兩地發掘的六十四座戰國楚墓統計，在全部七十多件鐵器中，鐵兵器就佔三十三件。而北方的燕國疆域內，鐵兵器也有大量出土。其中今河北易縣燕下都遺址的一座叢葬墓中就出土了鐵劍、鐵戟、鐵矛等五十餘件鐵製兵器，經科學方法金相檢查分析，大多是用塊鐵鋼製成的，其兵器鋒利。當時的主要鐵兵器有劍、刀、戟、矛、鏃、匕首、鎧甲和頭盔等。

西漢初期，由於社會經濟的迅速恢復和發展，鐵兵器逐漸增多，並開始取代了青銅兵器。漢武帝時代，官府收回冶鐵業，大力推廣煉鋼術，全國四十九處鐵官都能煉鋼製造兵器。因此，從漢武帝時起，主要生產大量的鐵兵器，如矛、劍、戟、刀等，基本上取代了青銅兵器。至漢代基本上完成了銅兵器向鐵兵器的過渡。到了三國時期，銅兵器已經基本退出了戰爭舞臺。

漢代實戰的鐵兵器主要有矛、戟、刀、劍、弓、弩、盔、甲、鐵鉤、鑲等。隨著戰爭的需要，西漢鐵兵器的外形比戰國的鐵兵器增大增重了許多，而東漢的鐵兵器又比西漢的鐵兵器更加大而重，隨著冶鐵技術的發展，漢代鐵兵器的質量有顯著的提高，如滿城漢墓出土的刀劍，其金相結構有了改善，碳的分布比較均勻，去掉了戰國時鐵兵器中所具有的明顯含碳和不均勻的分層組織。

東漢時發明了百煉鋼，主要兵器都用百煉技術製造。這

種百煉鋼兵器在質量上的飛躍，它不僅是我國兵器史上的驕傲，在世界兵器寶庫中也堪稱先進。由於製造工藝的革新，使漢代鐵兵器的堅韌性和鋒利程度得到不斷地加強。如劉勝墓出土的刀劍，是採用局部淬火的熱處理的工藝，即在刃部淬火、脊部不淬火的方法，因而刃部剛硬鋒利，脊部則具有較強的韌性，具有剛柔相濟的特性，不易折斷。此種鍛造技術充分顯示出我國古代人民製造鐵兵器的高超技術。

三國時期，曹、劉、孫三軍相爭，戰事不斷。為了打贏戰爭，各方對兵器的製作都十分的重視，故兵器的製造亦有進一步的發展。當時的魏國很注重兵器的質量，曹操為了煉製五把寶刀，竟花了三年的時間，名曰「百辟刀」，又稱「百煉利器」。其子曹植專門寫了《寶刀賦》以紀念此事。據《典論》記載：「魏太子曹丕選楚越良工製鐵刀、鐵劍、鐵匕首，精而煉之，至於百辟（即鍛造百次）。」這些兵器紋似靈龜，形如龍鱗，色比丹霞，皎若嚴寒，其質量非常高超。而蜀國的丞相諸葛亮則對漢代的舊式連弩進行了改進，發明了一種新式連弩，能「十矢俱發」，大大地提高了弩的威力。諸葛亮還命令製刀名匠蒲元一次在斜谷鑄鋼刀三千口，其對刀的淬火非常講究，因而十分的鋒利，被稱之為「神刀」。而在素有寶劍之鄉有江南，孫權在武昌一帶開採銅鐵，鑄造長三尺九寸的方頭鋼刀一萬口，寶劍十口，精銳異常，被視為珍寶。

兩晉南北朝時期，冶鐵業的發展也很快，先後發明了橫法鋼和灌鋼法的技術。南朝用橫法鋼製造的刀劍，極其鋒利和精巧。後來灌鋼法技術的發明，人們製造的兵器，用工又省，質量又好。北齊綦母懷文用灌鋼法製造宿鐵刀，鋒利非

凡。由此可見，當時製鐵業程度的先進性已經很發達了。

武器在質量上的飛躍，必然促進了使用武器的技能的提高以及武藝的發展。另外，據史料記載，大約在公元3世紀末至4世紀初的晉代時期，火藥在中國率先發明了。火藥的發明具有劃時代的意義。火藥是中國的四大發明之一，它對世界的文明與進步有著歷史貢獻。

隋唐五代時期的鐵兵器中，長兵器以矛、槍和長刀為主。據《新唐書‧李光弼傳》記載：「光弼有禪將，援矛刺賊，洞馬腹，中數人。」這表明當時的唐將善使長矛而且技藝精良。短兵器則以刀為主。

劍在這時已經失去了實戰的價值，成為道士們的法器和習武強身的器械了。而劍術則一直受到廣大人們的喜愛。寶劍則被君臣們視為權力和威嚴的象徵，或作為飾品與贈物。當時的佩劍之風很盛行，人們往往佩劍作為裝飾。相傳唐代大詩人李白經常舞劍，友人崔宗之稱讚曰：「起舞拂長劍，四座皆揚眉。」唐代還時尚射術，弓矢的結構很精巧，規格多樣。據《唐六典》記載有長弓、角等四種。弩有擘張弩、角弓弩等七種。箭有竹箭、木箭等四種。

四、古代火器和冷兵器併用時期

到了唐末，即10世紀初，火藥被運用到軍事領域上，火器由此誕生了。火器的發明，給軍事鬥爭的形式產生了重大的影響，揭開了我國兵器發展史上的光輝篇章。從此，我國古代兵器的發展進入了嶄新的火器使用和發展時期。

古代火器從五代十國開始，到清代鴉片戰爭止，歷時長

達九百餘年之久。早期的火器主要是利用火藥的燃燒性能來燒殺敵人，這是火器的最初形式。至唐末哀帝天佑初，鄭璠圍攻豫章（今江西南昌市），曾使用「飛火」攻城。

所謂「飛火，就是泛指使用火箭或火炮。其製作方式是把火藥製成球狀或在箭杆上綁上火藥團，點燒引線後用拋石機或弓弩拋射出去，用火燒來攻擊敵人。「飛火」在軍事上的運用，這在當時我國和世界上都是最早的火器。也是現代熱兵器的雛形。

我國古代兵器械的發展進入宋、元兩朝之際時，有更大的豐富和進步。有所謂的「十八般武藝」之說。其實這「十八般」只不過是個泛稱而已，實際上當時的兵器遠不止其數。據宋人曾公亮的《武經總要》記載，長杆鐵槍就有 18 種，長柄鐵刀有八種，各種短兵器有十七種，如手刀、大斧、鐵劍、鐵鞭、鐵蒺藜、鐵鐗、鐵棒、烈鑽等。著名的「梨花槍」就產生在宋代，其槍法已趨成熟。宋代的岳飛槍法就是最好的代表之一。

不光是傳統兵器的製作和武藝有不斷的完善，而且在火器的製造方面有很多的發明。到了北宋，趙宋王朝為了對付遼、西夏的進犯，十分重視兵器兵械的開發改良，公元 970 年，有個叫馬繼升的人，向皇帝進獻了火箭的製造方法，經過朝廷的試驗，取得了成功，受到了褒獎。公元 1000 年，神衛水軍首領康福也向朝廷獻出他所製造的火箭、火球、火蒺藜，同樣受到朝廷的獎賞。

宋仁宗統治時代，宋人曾公亮的《武經總要》當中就具體的記載了火藥的配方，以及當時的火箭、火藥鞭箭、煙球、霹靂火球、蒺藜火球、毒藥煙球等古代火器。

北宋末年，人們利用火藥的原理有了實質性的劃時代的突破。原先的火藥只有它的燃燒性，而這一時期，人們已經使火藥產生了爆炸的原理。從而相繼發明了噴射火器，這就是不需要弓弩發射的箭杆式火藥筒，它把火藥筒管綁在箭杆身上，利用向後噴射熱氣流的原理，使箭向前飛行，這就是當今高科技武器火箭的祖先。

到了南宋，人們對火器又有了進一步的發展，製造出了管式火器，如「火槍」和「突火槍」。火槍是宋紹興二年（1132年）陳規守德安（今湖北安陸）時發明的。它是用長竹竿製成，由二人拿持，事先在竹內裝上火藥，打仗時，點燃火藥，噴射燒傷敵人。突火槍是宋開慶元年（1259年）壽春府（今安徽壽縣）人發明創造的。它是用巨竹做成，竹內裝上火藥和「子窠」，使用時點燃火藥後，產生強大的氣體壓力，把「子窠」噴射出去燒擊敵人。這種「火槍」和「突火槍」屬世界最早的管形火器。可以認為中國古代的火槍，是現代武器噴火器的祖先和雛形。而中國古代的突火槍又是現代步槍的鼻祖了。

當時的金兵在和宋軍的長時期的交戰中，也掌握了製造火器的方法，金開興元年（1232年）金兵使用自製的「飛火槍」來抗擊蒙古兵士。這種飛火槍也屬管形火器，據《金史蒲察官奴傳》記載，此槍「以賴黃紙十六重為筒，長二尺，實以柳灰、鐵滓、瓷末、硫磺、砒霜之屬，以繩繫於槍端，軍士各懸小鐵罐藏火，臨陣燒之，焰出槍前丈餘，藥盡而筒不損」。這也許是最早的煙幕毒彈武器之一。其殺傷力可見一斑。

到了元代，兵器製作更加精細和實用。據《武備志》

載，傳統種類兵器有各種鐵槍六種，各種刀七種，還有鐵載、梨花槍、馬叉、飛鈎、鑱、飛錘、狼筅等兵器四十九種之多。元代最突出的冷兵器以弓箭為主。另有火槍、火炮六種。元代使用的火器比宋代又要先進一步，具體表現在燃燒性的火器被爆炸性的火器所替代，並大量地投入到實戰當中。

元代初期，即 13 世紀末到 14 世紀初。管形火箭有了長足的進步。這時期中國古代人民製造出了金屬管形火器，除小型金屬火銃之外，當時還造出了比較大型的銅火炮，拋石機當時也很普及。三梢炮、五梢炮、七梢炮、回回炮等都有很大的威力。據史書記載元世祖忽必烈兩次出征伐日本，就曾使用過爆炸性火器，如「鐵火炮」等。

到了元朝末期，火炮在戰爭中大量的使用，據《吳王張士誠載記》卷二載，元至正二十七年（1367 年），張士誠被朱元璋圍困在平江城（今江蘇蘇州），朱元璋的部將徐達「領四十八衛將士圍城，每一衛置襄陽炮架五座，七梢炮架五十餘座，大小將軍筒五十餘座，四十八營寨列於城之周遭，張士誠欲遁不得飛渡，銃炮之聲晝夜不絕」。由此看來，當時的戰鬥景象是何等的壯觀。火銃和火炮的數量亦已經達到相當的數量。

到了明代，「十八般武藝」有了具體的內容。《五雜組》卷五記載：「何謂十八般？一弓、二弩、三槍、四刀、五劍、六矛、七盾、八斧、九鉞、十戟、十一鞭、十二筒、十三撾、十四殳、十五叉、十六把、十七綿繩套索、十八白打。」「十八般武藝」是指演練兵器的技藝，前十七種是講使用這些兵器的名稱，惟最後第十八種是指空手搏鬥之術。

朱國禎在《湧幢小品》中解釋道：「白打即手搏之戲……俗謂之打拳。」由此得出，武術的技擊和套路在明代已經較具規模了。明代由於封建社會經濟的高度發達，兵器也有很大的發展。其主要冷兵器有長柄刀、槍、短柄長刀、腰刀及各種雜式兵器如鑲鈀、馬叉、狼筅等等。除了繼承傳統的兵器品種外，明代的火器發展到鼎盛時期。其火器的管形火器品種頗多，形式複雜。

當時的噴射火器（古代火箭）製造已經相當精良，樣式繁多，據《火龍神器陣法》《武備志》等史書記載，此間多使用的火箭種類有單發火箭、多發齊射火箭、多火藥筒並聯火箭、有翼火箭、多級火箭等，火箭的品種達幾十種之多。由於火器的蓬勃發展，明代軍隊普遍裝備了火器，戰爭的主要武器轉向了使用火器。燕王朱棣與建文帝爭奪亮位時，就曾使用火箭作戰。永樂年間（1403～1424年），明王朝還專門組建了「神機營」，這種獨立炮兵建製在當時中國乃至世界各國都首屈一指。

明代火器從其分類來看主要有兩大類：

第一類是用手持點放的火銃和鳥銃，其形體和口徑都較小，一般筒內裝填鉛彈和鐵彈等物，其射程僅數十步至二百步（中國歷史博物館和中國人民革命軍事博物館均有此類出土的實物陳列）。

第二類是安裝在架座上發射的口徑和形體都很大的火炮，多數筒內裝填石、鉛、鐵等物，俗稱「實心彈」，少數則裝填爆炸性的球丸，射程一般在數百步至二三里距離，主要用於守寨和攻城，也用於野戰、水戰和海戰。

明代的海船製造已經相當的發達，海船上就裝備了這些

火器（明末年間，鄭成功率水師海船收復臺灣，曾用這些武器痛擊荷蘭侵略者）。

明代的爆炸性火器已經相當發達，具體有兩大類：一類就是地雷，品種繁多，有石頭雷、陶瓷雷、生鐵雷等數十種；另一類就是水雷，有水底雷、水底龍王炮和混江龍等兵器。根據大量的史實證明，中國是世界上最先發明和使用「兩雷」的國家。

至清代的兵器與明代大同小異，只不過是品種更多些而已。冷兵器械有刀、盾、斧、鉤、抓、拐、弩、叉、殳、棒、鑹、鈀、刺、鐧、鈸、鉞、齒、鏟、錘等。以刀為例就有大刀、樸刀、大環刀、三尖兩刃刀、春秋大刀、腰刀、戰刀、苗刀、梅花刀、鳳嘴刀、彝族插刀、壯族尖刀和其他少數民族用刀等不下十餘種之多。更有擅使暗器飛鏢之類的武藝高手。所以，這一期間的武術拳種也很多，器械套路趨於成熟並有習武和健身之說，武術名家層出不窮，武術器械的多樣化帶來了武藝的多彩多姿，武術門派也很繁多。

火器製造在清代前期，由於統一全國以及平定三藩叛亂等戰爭的需要而有所發展。這期間的主要火器有鳥槍和火炮，而其他火器如火箭、火球、噴筒等已退居次要地位。

據清朝《皇朝禮器圖式》史書記載，清代的鳥槍就有四十九種之多，這些武器的槍管長、口徑小、重量輕，便於攜帶，多數供皇帝和貴族的自衛和打獵玩耍時使用，實際裝備軍隊的是少數幾種鳥槍。

作戰的武器還是廣泛運用鐵刀、鐵槍、盾、弓等傳統兵器，但清代的火炮名稱很多，據乾隆時期的《欽定工部則例》中列有八十五種火炮的名稱之多，其炮的種類大體有三

類：第一類是前弇（yǎn）後豐的長形筒體炮，如金龍炮、武城永固大將軍炮、神威無敵大將軍炮等；第二類是採用子銃的後裝炮，如子母炮、奇炮等；第三類是大口徑的短管炮，如沖天炮、威遠將軍炮等。

到了康熙年間（1662～1722年），清代的火器達到了鼎盛時期，但是到了清皇朝統治的中後期，由於朝廷的政治腐敗，經濟和科學技術落後，對內實行民族壓迫，禁錮先進的思想；對外則採取夜郎自大、閉關自守的政策，不重視外國的科技進步，因此到了乾隆（1736～1795年）末年，中國的火器處於停滯衰退的狀態，一直到1840年的鴉片戰爭爆發之後，清王朝政府才開始大量的進口西方的洋槍洋炮，另外開始了近代軍事工業的建設，著手研製近代的熱兵器，重要是槍炮和戰艦的製造。

至此，中國的古代傳統兵器從19世紀50年代開始逐漸被近代槍炮所代之，到19世紀的70～80年代傳統的冷兵器亦縮小了在戰爭中的作用範圍。此時，熱兵器開始在中國的戰爭舞臺上登場，延續至今。

中國的熱兵器的早期形成的雛形，應追溯到唐宋時期，即公元10世紀初，當時火器的製成就已標誌著準熱兵器在軍事鬥爭舞臺上的作用和地位。雖然各類火器層出不窮，不放異彩。但戰鬥的形式還是以冷兵器為主，因此，戰爭的形態沒有很大的變化。

值得引以為豪的就是，中國的火藥和火器製作技術，在13世紀初就經由戰爭傳入到阿拉伯國家，到13世紀末和14世紀初又由阿拉伯國家將此種技術傳入了歐洲各國，使歐洲的火藥和火箭製作得以形成和發展，由此可說，中國的古代

傳統兵器發展史佔世界兵器寶庫中的重要地位，對世界的兵器發展有不可磨滅的貢獻。

縱觀中國古代傳統兵器的發展史，就是一部古代與近代的戰爭史，各朝各代的統治階級為了其統治利益的需要，在他們的互相械鬥中不斷地發明和完善各種戰爭武器。有的兵器在歷史上的出現只一瞬即逝。隨著火器的出現，有些曾經風靡一時的古代兵器，逐漸被淘汰，有的古代兵器在技術上形成了便於演練的套路，被保留了下來。這些就是後來演變成為武術器械、成了人們鍛鍊身體的專門器材。也有的武術器械本來就不屬於古代傳統兵器，而是勞動人民從實踐的生活中獨創出來的武術器械，如峨眉刺等。有的古代傳統兵器隨著時代的發展，文明程度的提高，而分化出來成為了獨立的運動項目，如現代射箭比賽和射弩比賽等，有的古代傳統兵器被列為武術表演或比賽項目，如刀、槍、劍、棍、三節棍、九節鞭等。

中華民族是一個偉大的民族，在當今建設有中國特色的社會主義現代化的事業中，也致力於世界的和平和文明建設。中華傳統武術已經走出國門，傳播全世界，為全世界人民的健康、進步作出它應有的貢獻，武術器械的發展總是伴隨著軍事、體育以及科學文化的發展而發展。

我們著手對傳統兵械的發掘和整理，不但對武術運動和現代體育運動起著積極作用，而且相信對其他領域，如歷史、軍事、宗教、戲劇、美術、影視、教育等各界都將起到拋磚引玉的作用和有著一定意義上的影響。

第二章　長兵械種類

　　所謂長兵械泛指其長度等於和超過持械者直立時的眼眉之高度的兵械。如槍、大刀、齊眉棍、方天戟等。此類兵械通常用雙手握持進行練習和使用，以下逐個介紹。

　　註：本書所介紹兵械的尺寸、重量均以舊時的市尺、市斤為準。其 1 丈 = 10 市尺 = 3.333 公尺；1 斤 = 0.5 千克。

第一節　刀類

　　長刀　又稱「大刀」，一種長柄大刀，多爲馬戰使用，漢以後，各朝代均有不同風格的長刀。三國時代就有偃月刀；唐代有陌刀；宋代有筆刀、掉刀、鳳嘴刀、掩月刀（即偃月刀）；眉尖刀、戟刀、屈刀、驢耳刀等；明代有鉤鐮刀、偃月刀等。其結構由刀頭、刀身、刀柄等部分組成。基本用法有劈、砍、雲、抹等。使用和演練時威風凜凜，氣勢雄偉，爲大將軍所用。

　　（1）**筆刀**：刀尖銳利，刀背斜闊，柄下有鐏。宋《武經總要》把其列爲「刀八色」之一。明《三才圖繪・器用》載：「筆刀此皆軍中常用，刃前銳後斜闊，長柄施鐏」（圖

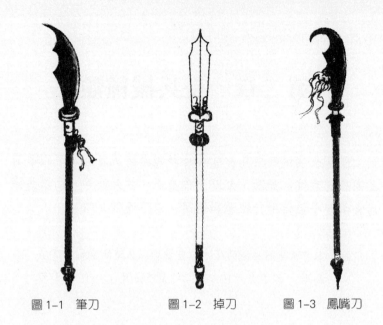

圖1-1 筆刀　　　　圖1-2 掉刀　　　　圖1-3 鳳嘴刀

1-1）。

（2）**掉刀**：刀身直，刀尖朝上，尖銳有刃，柄後有鐏。宋《武經總要》把其列為「刀八色」之一（圖1-2）。

（3）**鳳嘴刀**：刀頭呈圓弧狀，刀刃鋒利，刀背斜闊，柄下有鐏。被宋《武經總要》列為「刀八色」之一（圖1-3）。

（4）**偃月刀（又名掩月刀）**：三國時關羽所用，又稱「關刀」。其刀身狹長，形如偃月，刀背有青龍圖案，又稱「青龍刀」「偃月刀」，刀頭有回鉤，鉤尖似槍，銳利無比，刀背有突出鋸齒狀利刃，故名「冷艷鋸」，其柄因人而製，一般人直立，左手握住刀盤之下刀柄處，左臂向左側伸直，刀鐏靠著左腳掌側。刀盤的高度應與左肩齊。刀刃之長度，應是刀柄的五分之二長。刀柄下有鐏。其刀法相傳是三

圖1-4　偃月刀（又名掩月刀）　　圖1-5　眉尖刀　　　圖1-6　戟刀

國時期關羽所創。用法有十二字訣：劈、砍、磨、撩、削、
裁、展、挑、拍、掛、拘、割。明《三才圖繪・器用》：
「惟關王偃月刀，刀勢既大，其三十六刀法，兵仗遇之無
不屈者，刀類中以此為第一。」此刀曾被宋《武經總要》列
為「刀八色」之一（圖1-4）。

　　（5）眉尖刀：刀身狹窄，單刃，刀尖銳利，其後斜
闊，木柄，後有鐵鐏。屬宋「刀八色」之一（圖1-5）。

　　（6）戟刀：戟刀全長五尺，其中刀尖長四寸，邊鋒長
一尺。刀柄粗可盈地，柄尾有一三棱形鐵鐏。戟刀在對敵作
戰時可發揮前尖邊鋒的特點，聲東擊西，虛實多變，其主要
用法有砍、剝、刺、掛、劈、掃、截、撩、削、蓋、擢、
捅、架等。宋《武經總要》把此刀列為「刀八色」之一（圖
1-6）。

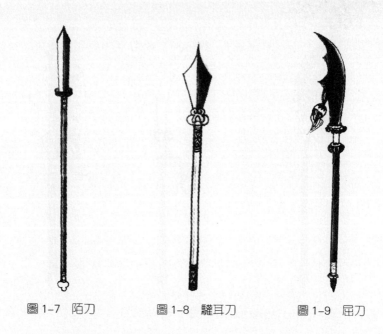

圖 1-7　陌刀　　　　圖 1-8　驢耳刀　　　　圖 1-9　屈刀

（7）陌刀：長刀的一種。陌刀為一種兩刃的長刀，較重，大約 50 斤。唐代軍中大量配備。唐代以後陌刀逐漸消失。《舊唐書·闞傳》：「貌魁雄善用兩刃刀，其長丈，名曰陌刀，一揮殺數人，前無堅對」（圖 1-7）。

（8）驢耳刀：刃連袴一尺，上銳下狹，柄長三尺。此刀常用於挖穴城牆。宋《武經總要》列此為「刀八色」之一（圖 1-8）。

（9）屈刀：刃前銳利，刀後斜闊，長柄，柄末端有鐏。宋《武經總要》列此刀為「刀八色」之一（圖 1-9）。

（10）三尖兩刃刀：刀尖分為三支，似「山」字形，中支形似劍狀略高，兩翼支稍低，兩面開刃，鋒利無比。刀柄後端有一三棱形鐵鐏。其用法以扎、絞為主（圖 1-10）。

（11）雙手刀：刀身大而短，刀柄長（圖 1-11）。

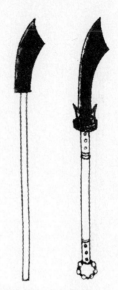

圖 1-10　三尖兩刃刀　　　　　　圖 1-11　雙手刀

（12）**雙手長刀**：刀身小，刀刃鋒利，刀尖突出，刀柄長，有刀盤（圖 1-12）。

（13）**雙手帶刀**：刀身長，刀刃鋒利，刀柄短於刀身，無刀盤（圖 1-13）。

（14）**春秋大刀**：其刀術主要有劈、砍、斬、架、截、雲、掛、挎、挑、攔、掃、抹、托、撥、壓、絞、錯、搗、隨、扇等。彈腿門之春秋大刀主要流行在河北、河南、黑龍江等地。其特點是刀法靈活，變化多端，氣勢雄偉，勁力貫注，快速迅猛，一招一勢，動作緊湊，舒展大方。練習時要求氣沉丹田，含虛抱氣，氣意相融，身法傳神，剛柔互用。據關羽喜讀《春秋》，偃月刀亦春秋刀也（圖 1-14）。

（15）**鉤鐮刀**：刀背中部有一突出側鉤，有刃，可供鉤割之用。刀法用劈、砍、鉤、割等，臨陣時非常方便（圖

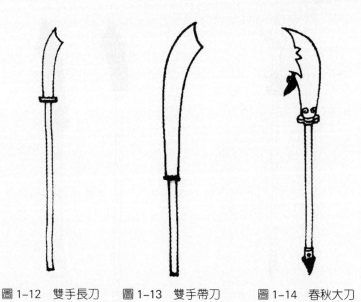

圖1-12 雙手長刀　　圖1-13 雙手帶刀　　圖1-14 春秋大刀

1-15）。

（16）破陣刀：相傳為呼延贊所創。《宋史·呼延贊傳》：「贊作破陣刀，降魔杵，鐵折上巾，兩旁有刃，皆重十數斤。」

（17）乾坤日月刀：是流傳在民間的一種奇異兵器。全長六尺（2公尺），兩端各有相同長度的月牙形刀。刀背上部各有三個小鐵環，舞動起來沙沙作響。刀柄為堅硬木料所製。握手處在刀柄中段，上扎彩帶，並有兩個突出的月牙形利刃。利刃後為握手處。使練時，兩手均在月牙形利刃下握住刀柄。握法有左陰右陽、左陽右陰和雙陰法三種。此兵器前後可用，變化多端。主要用法有：前後扎刀、正反扎刀、斬劈刀、上挑刀、橫掃刀、舞花刀、上下截刀、裡外絞刀、撩掛刀、雲撥刀、格攔刀、推架刀等（圖1-16）。

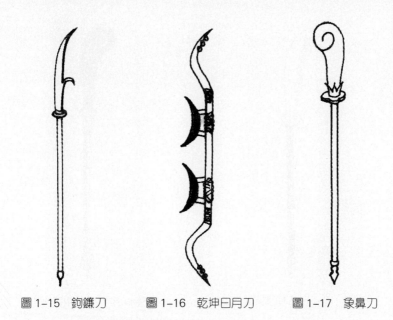

圖 1-15　鉤鐮刀　　　圖 1-16　乾坤日月刀　　　圖 1-17　象鼻刀

（18）**象鼻刀**：因刀頭彎曲形似象鼻，故名。又稱「象鼻大刀」（圖1-17）。

（19）**少林三環大刀**：長八尺五寸（約2.83公尺）。明代可改，清代貞秋、貞方練此器（圖1-18）。

（20）**少林九環緊背大刀**：全長八尺半（約2.83公尺），為寺僧習武防身之用也（圖1-19）。

（21）**少林鬼頭大刀**：全長八尺半（約2.83公尺），為歷代寺僧們習武守院防身之用也（圖1-20）。

圖 1-18　少林三環大刀

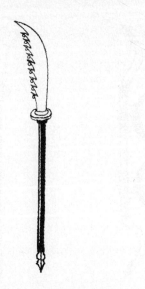

圖 1-19　少林九環緊背大刀　　　　圖 1-20　少林鬼頭大刀

第二節　槍類

　　槍　是一種在長柄上裝有銳利尖頭的兵械。槍的別名稱
「肩二」，《清異錄》：「蜀王建軍中隱語，槍曰『肩
二』。」槍亦稱爲「一丈威」，《事物志異》：「隋煬帝易
槍名爲一丈威。」槍的歷史可追溯到原始社會。原始的長槍
僅僅將木棒頭削尖就是了。《通俗文》：「剡木傷盜曰
槍。」漢時的槍與矛的形製相似，多以長木杆或竹竿爲杆，
裝上銳長槍頭，配以槍纓即製成。相傳諸葛亮製木柄槍長達
二丈（約6.7公尺），竹槍長達二丈五尺（約8.3公尺）。
《長槍法選‧長槍說》：「器名槍者，即古之丈八矛也。」
不同用途的長槍其長度各不相等。用於車戰、騎戰的槍顯

長，用於步戰的槍顯短，用於守城御寨的槍顯長，用於進攻的槍則短。長槍可達八公尺之餘，短槍可爲一點三公尺之多。宋代李全用的鐵槍，杆長七八尺（2.3～2.6公尺），重約二十多公斤（見《齊東野語》）。《手臂錄》記載：「沙軍竿子丈八至二丈四」，「敬嚴木槍長九尺七寸」。後世習武之人通常以「丈八大槍」「七尺花槍」「六尺雙槍」爲標準。現代武術中槍術競賽套路用的槍，其長度不能短於本人直立直臂上舉時從腳至槍尖的長度。槍頭除外，槍杆中線以下任何部位的直徑不得少於：成年男子組爲 2.29 公尺，成年女子組爲 2.13 公尺；少年男子組 14 歲以上爲 2.13 公尺，14 歲以下爲 2.03 公尺。少年女子組 14 歲以上爲 2.03 公尺，14 歲以下爲 1.9 公尺。

　　槍的種類很多。宋代有雙鉤槍、單鉤槍、錐槍、抓槍、環子槍、素木槍、拐槍等。清代有蛇槍、火焰槍、鉤鐮槍、虎牙槍、雁翎槍、十字鐮槍等。槍以宋、明兩代爲最盛，創造了式樣繁多、用途各異的槍，廣泛運用於步兵和騎兵。槍由槍頭、槍纓、槍杆和槍鐮等組成。新中國成立後，槍術被列爲正式武術比賽項目。

　　槍頭：槍的組成部分，也稱槍尖。槍頭爲鋼或鐵製，古時以銅製。槍頭式樣大約有三：其一，槍頭長六寸（20公分），重三兩五錢至四兩（約 125 克），式樣爲兩個棱形連接而成。脊高刃薄頭尖。其二，槍頭長三寸（約 10 公分），重一兩二錢（約 37.5 克），式樣爲單個棱形，脊高刃薄頭尖。現代武術競賽所用之槍頭，皆爲此式。其三，槍頭長七寸（約 23 公分），重四兩餘（125 克），式樣爲古代矛頭狀，呈方棱扁形，雙屈而成。頭尖而刃薄。

槍杆：槍的組成部分。槍杆多用木製之，其中棡木最佳，合木軟輕次之，白蠟杆更次之。製作槍杆之木易劈不易砍，以刀斧砍木，使槍杆順其紋路而成，若鋸開成條，因其紋理不直而易折斷。亦有用竹製者，適用於南方的氣候條件。用竹者，須擇竹直節長者。槍杆後端要粗及盈地，愈向槍頭愈細，槍杆要直而不曲，細而不軟。

槍纓：槍的組成部分。槍頭下的裝飾物。槍纓用犀牛尾、牦牛尾、馬尾等製之，現常以紗、絲製之，多爲紅色。其用途在於，搏刺時槍纓抖動可以迷亂對方，並能擋血。平時演練則可壯聲勢。

槍鐏：槍的組成部分。槍鐏以鐵或銅製之，式樣爲筒狀，底部尖銳，可插入地下，也可刺入。槍鐏常刻有花紋圖案，以作飾之。

（1）長槍：此種槍屬明代兵器，槍頭長三寸三分，重一兩二三錢，槍杆壯盈（圖2-1）。

（2）古矛槍：明代鐵兵器，槍頭長七寸，重四兩。其方棱扁如喬麥，前頭尖銳，利於透刺（圖2-2）。

（3）鐵鉤槍：這種槍的槍頭呈鐵刀連刀，長一尺。攢竹杆徑九分，長一丈三尺。明代軍中長技（圖2-3）。

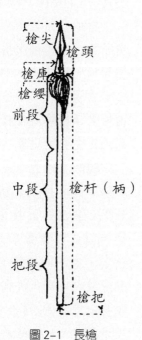

槍尖
槍頭
槍庫
槍纓
前段
槍杆（柄）
中段
把段
槍把

圖 2-1　長槍

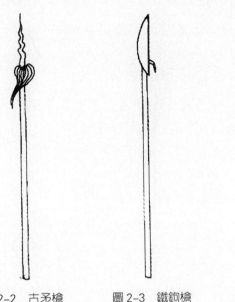

圖 2-2　古矛槍　　　圖 2-3　鐵鉤槍　　　圖 2-4　龍刀槍

（4）龍刀槍：槍頭呈箭形，連於一似牛角刀。其作用能砍、能刺。明代軍中之長兵器（圖2-4）。

（5）蛇尾傘槍：槍長五尺，槍頭下三寸處有一對突出的倒鉤，鉤部薄而鋒利，再往下一尺有兩個突出之長刺，刺尖與槍頭方向一致，槍杆尾有鐏，其從尾部盤旋而下（圖2-5）。

（6）蛇鐮槍：全長七尺二寸，其中槍杆長六尺，粗圓徑為四寸，硬木製成。槍頭長八寸，槍頭上有蛇矛狀尖刺，下有「一」字形蛇矛尖刺分向左右。槍杆尾部有鐵鐏約四寸（圖2-6）。

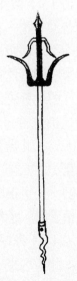

圖 2-5　蛇尾傘槍

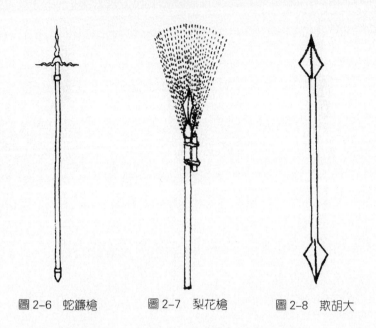

圖2-6　蛇鐮槍　　　圖2-7　梨花槍　　　圖2-8　欺胡大

（7）梨花槍：是長矛和火器的結合型兵器。採用無纓的普通長槍，在原槍纓部位縛一噴火筒，同時點燃，用火藥燒灼而殺傷敵人。藥盡後可用槍頭刺殺。藥筒中噴出之藥，如梨花飄落而得名（圖2-7）。

明代畢懋康《軍器圖說》：「梨花槍以梨花一筒，繫縛於長槍之首，發射數丈，敵著藥昏眩倒地，火盡時則用槍刺。……此器裝藥的鐵筒外形似笋尖，小頭口寬三分，大頭口寬一寸八分，大頭入藥，閉以泥土，尖頭安芯燃放。筒可輪換，人可攜帶數筒隨放隨換。」宋代李全之妻楊妙真所創此槍套路，世稱她「二十年梨花槍，天下無敵手」。

（8）欺胡大：為元代蒙古軍所用。槍體較長，兩頭有刃，此槍可投出殺敵，也可執槍兩頭刺敵（圖2-8）。

（9）槌槍：宋代所創的一種練兵用長杆木槍。《武經

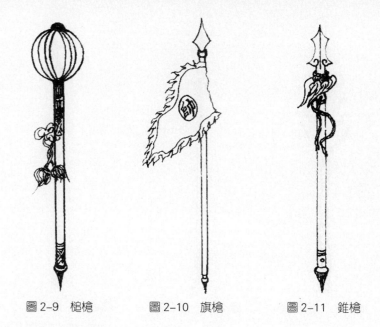

圖 2-9　槌槍　　　　圖 2-10　旗槍　　　　圖 2-11　錐槍

總要》：「槌槍，木為圓首，教閱用之」（圖 2-9）。

（10）旗槍：槍長一丈二尺。槍頭下槍纓部位有一面三角形旗幟和兩根彩帶。旗槍主要為出征指揮之用。如臨陣對敵，其作用亦與槍纓相同，可以迷惑對方（圖 2-10）。

（11）錐槍：又名麥穗槍。為宋代所創。《武經總要》：「錐槍，其刃為棱，形如麥穗，邊人謂之麥穗槍」（圖 2-11）。

（12）狼筅槍：名狼筅，明代特形長兵器。長一丈五尺，重七斤，有竹製鐵製兩種，附枝必九層、十層、十一層（圖 2-12）。

（13）拐刃槍：槍頭長而鋒利，刃下有三處凹槽，槍杆長一丈五尺，刃連袴長二尺。槍杆下端有一橫拐，其用法兼具槍和拐兩者的特點（圖 2-13）。

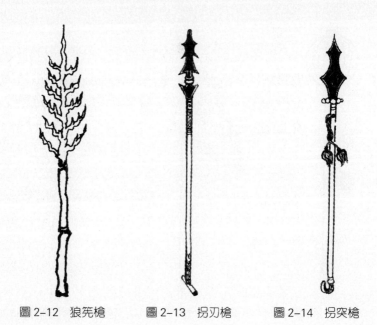

図2-12 狼筅槍　　図2-13 拐刃槍　　図2-14 拐突槍

　（14）**拐突槍**：槍頭長而大，呈麥穗狀，長二尺，槍杆長一丈五尺。上端有一鐵箍，下端有一橫把，形同拐狀，故得其名。其用法兼具槍和拐兩者的特點（圖2-14）。

　（15）**板門槍**：長一丈，槍頭特別大，形似門板，故得其名。此槍主要用於馬上，其用法為攔、拿、扎、刺、撥、點（圖2-15）。

　（16）**抓槍**：宋代抓槍，長七尺半，其中槍刃長一尺五寸。槍頭除有朝前的槍刺外，其下有二十個橫向突出的倒刺。各刺相距一分，從上而下依次由長變短。最長之刺為三寸，最短之刺為一寸。其主要擊法有刺、拿、扎、提、拉、崩、點、挑、撥、纏、掃、摔、鋸、抓、拉、擒等。明代的抓槍，總長為二丈六尺。槍頭長一尺，呈直統扁梭形，槍頭下兩端各有兩個突出的倒鉤，鉤尖鋒利。鉤下又有突出三角

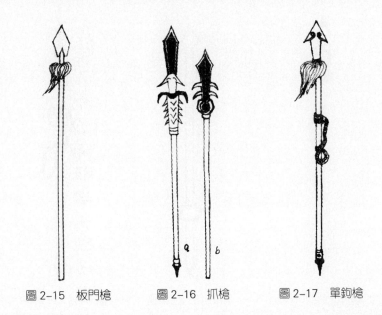

圖 2-15　板門槍　　　圖 2-16　抓槍　　　圖 2-17　單鉤槍

形刀刃兩片，可防止為對方用手提槍。槍頭下有尺長穗與槍桿連接，杆中有孔可穿紅纓（圖 2-16）。

（17）**單鉤槍**：騎戰用槍。槍頭長五寸，呈三角形。其底部兩角向外突出，寬約二寸，底部兩尖刃斜線向上，形成頭部尖角。此角為銳角，槍頭中有脊（圖 2-17）。

（18）**雙鉤槍**：宋代鐵槍。為騎兵所用。長一丈二尺。槍頭較普通槍頭長約七寸，寬寸餘，頭部呈銳角。槍頭中有脊，兩側有刃。槍頭尾部有兩個或數個突出的側鉤，均裝於槍頭兩側或四周。槍杆尾端有鐏，可插入地下，槍杆上繫有牛皮繩，供提攜之用（圖 2-18）。

（19）**巴爾槍**：為元朝蒙古軍所用。槍體長，有五尺左右，兩頭有刃。前刃為斜方形，刃尖銳。杆尾之刃為圓錐形，可作槍鐏之用。此槍可投出殺敵，具有標槍的特性，又

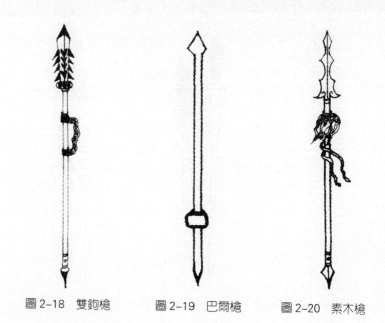

圖2-18 雙鉤槍　　圖2-19 巴爾槍　　圖2-20 素木槍

可兩頭刺敵（圖2-19）。

（20）素木槍：宋代長杆鐵槍。槍頭似馬項，槍頭兩側有弧形曲刃，槍頭尾部寬大。槍尾有鐏，為步兵所用（圖2-20）。

（21）環子槍：宋代長槍。槍頭有倒鉤。式樣與雙鉤槍相似。此槍頭長約六寸，上窄下寬。下寬一寸，上寬其半。此槍為騎兵所用（圖2-21）。

（22）蒺藜槍：槍頭長而大，約一尺三寸，中有凹槽，槍杆長六尺，近槍尖處有數對鐵鉤刺。槍杆尾部有鐵鐏。此槍是宋代車戰頭車緒棚中所用兵器（圖2-22）。

（23）太寧筆槍：槍頭銳利，槍頭刃下

圖2-21 環子槍

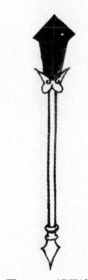

圖 2-22　蒺藜槍　　　圖 2-23　太寧筆槍　　　圖 2-24　短刃槍

數寸裝一小鐵盤，上面有刃。刺殺時，敵
人不能捉搦。因其槍頭如筆狀，故得此
名。此槍為宋代長槍之一（圖 2-23）。

（24）短刃槍：槍頭大而短，刃部鋒
利，槍杆短約四尺餘。宋代此槍杆長六
尺。槍刃連袴長二尺。杆尾有鐵鐏（圖
2-24）。

（25）短錐槍：槍頭分為三支，中間
一支較長，向上直出，兩側各有一翅形刃
向外突出。槍刃連袴長一尺二寸，杆長六
尺。杆尾下有鐵鐏（圖 2-25）。

（26）梭槍：為宋代所創。《武經總
要》：「梭槍，長數尺，本出南方，⋯⋯

圖 2-25　短錐槍

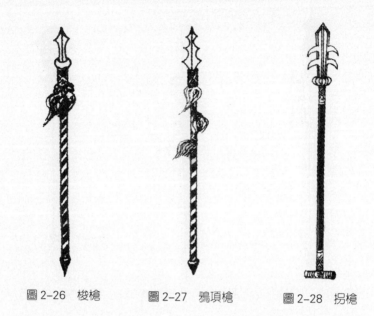

圖 2-26　梭槍　　　　圖 2-27　鴉項槍　　　　圖 2-28　拐槍

一手持旁牌，一手標以擲人，數十步內，中者皆賠；其如梭
之擲，故云梭槍。亦曰飛梭槍。」此槍為宋代步兵所用（圖
2-26）。

（27）鴉項槍：宋代步兵所用。此槍在槍頭與槍柄相接
處，用錫來裝飾，如鴉頸狀，故名。《武備志》：「鴉項
者，以錫飾鐵嘴，如烏項之白。」槍尾有鐏（圖 2-27）。

（28）拐槍：宋代步兵所用。槍頭長二尺五寸，兩邊各
有兩對倒鉤，槍杆長四尺，杆尾有一橫拐，故得其名。用法
兼槍和拐兩者的特點（圖 2-28）。

（29）搗馬突槍：宋代步騎戰皆用。槍頭較大，槍頭下
有兩箍，槍尾有圓錐狀鐵鐏（圖 2-29）。

（30）鉤鐮槍：槍長七尺二寸，其中槍頭為八寸。槍頭
上部尖銳，其下部有側向突出之倒鉤，鉤尖內曲。槍杆長六

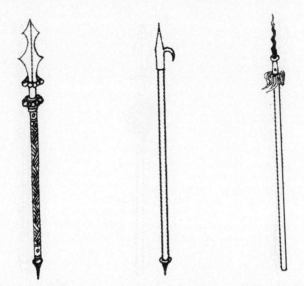

圖 2-29　搗馬突槍　　圖 2-30　鉤鐮槍　　圖 2-31　九曲槍

尺，粗圓徑為四寸，以木製成，杆尾有鐵
鐏，長四寸（圖 2-30）。

（31）九曲槍：槍長一丈一，槍頭如蛇
形，頂尖而鋒利，兩側薄刃，整個槍頭長一
尺餘。明代馬戰的主要兵器。主要用法有
攔、拿、扎、刺、搭、捌、纏、圈、撲、
點、撥、舞花等（圖 2-31）。

（32）線槍：清代所製。因其槍尖鋒
利，可刺透盔甲，故又名「透甲槍」。槍杆
長九尺，其中槍頭長一尺三寸，其鋒用鋼三
寸，似一針狀，銳利無比，左右刃用銅一
尺。槍尾有鐏，可插地上，總重三斤（圖
2-32）

圖 2-32　線槍

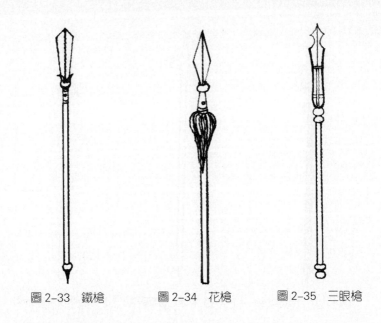

圖 2-33 鐵槍　　　圖 2-34 花槍　　　圖 2-35 三眼槍

（33）**鐵槍**：清代兵器。長一丈四，杆長一丈三，杆粗三寸七分，以硬木製成。槍頭為扁棱形，長為七寸，槍頭下繫紅纓。杆尾有鐵鐏，長三寸（圖 2-33）。

（34）**花槍**：槍杆長五尺，棱形槍頭，槍頭下紅纓，槍杆粗不攻把。由於槍杆較細，抖動時槍頭顫抖不停，使人難以捉摸槍尖戳處，使人眼花繚亂，故得此名（圖 2-34）。

（35）**三眼槍**：為清代所用。槍長九尺，其中槍頭長一尺，中有一凹槽，槍杆上端有兩箍，尾端有一箍（圖 2-35）。

（36）**火焰槍**：清代所製。長約一丈，通體為煉鐵所製，槍頭形如火焰狀，上部有一突出之三角扁棱形槍頭，下端有圓形槍尖若干，中部有環，焰形槍頭圓形環向上而立

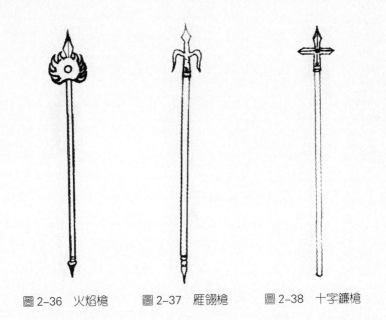

圖 2-36　火焰槍　　　圖 2-37　雁翎槍　　　圖 2-38　十字鐮槍

（圖 2-36）。

（37）**雁翎槍**：清代兵器。通體長七尺二寸，其中槍頭為八寸，槍杆長六尺，粗約三寸餘，硬木製成。槍頭為煉鐵所製，其式樣與雙鉤鐮槍相似。惟槍尖為扁平梭形狀。杆尾有鐵鐏，長為四寸（圖 2-37）。

（38）**十字鐮槍**：清代長槍。通體長八尺左右，其中槍頭長七寸，呈十字形，槍刺寬寸餘，中有脊，兩邊有刃，頭部成銳三角形，係鐵所製。槍杆直徑約二寸，為木質製成（圖 2-38）。

（39）**虎牙槍**：清代長兵器。通體長九尺一寸，槍長八尺，粗為二寸八分，以硬木製成，槍頭長七寸，其上部有銳三角形槍刺，下部有兩個向外突出的倒鉤，鉤尖鋒利，槍頭

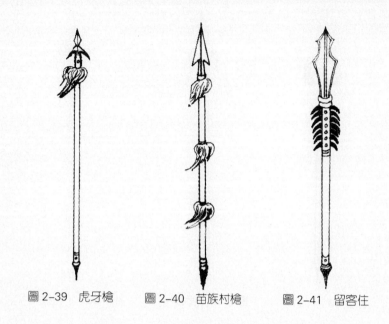

圖 2-39　虎牙槍　　　　圖 2-40　苗族村槍　　　　圖 2-41　留客住

下有紅纓，槍杆下有鐵鐏狀尖刺（圖 2-39）。

（40）苗族村槍：為清代苗族所用。槍杆長五尺，槍頭為銳角三角形，內有凹槽，槍頭以下有三個與槍纓相同的裝飾，杆底有鐏。此槍又屬長標槍。使用時可雙手執槍，也可與牌併用（圖 2-40）。

（41）留客住：一種有倒鉤的長兵器。長約 2 公尺左右，形似槍（圖 2-41）。

（42）竹條鏢：稀有長兵器。由竹條作柄扎捆而成。長 1～2 丈。製作時，將竹破成細篾條，以 30～40 根為一捆，用麻繩扎緊，再漿以豬血或桐油，使之牢固黏成一體，做成鏢杆，再在頂端裝上利鏢，使用時既柔軟又堅韌，應用自如，不用時，可卷起繫於腰間，隱蔽性強（圖 2-42）。

（43）三尾擲槍：標槍的一種。為元朝蒙古軍所用。槍

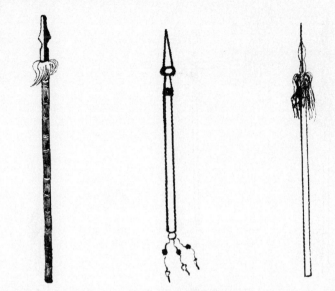

圖 2-42　竹條鏢　　圖 2-43　三尾短標槍　　圖 2-44　透甲槍

頭為圓錐形，前尖後豐，杆尾有刃，其刃為三片薄刀，三刀平堅，刀口朝外，平分嵌於杆尾端，如箭之羽，槍杆較短，長不過三尺，可在馬下刺敵，也可作拋擲，由於其槍尾有三尖刀如箭羽，擲時較其他標槍準。

（44）**三尾短標槍**：標槍的一種。槍杆長約三尺，槍杆前端有錐形槍頭，尾端有三條彩帶，帶長尺餘（圖2-43）。

（45）**透甲槍**：線槍的別名。見（32）「線槍」條（圖2-44）。

（46）**大槍**：槍的一種。大槍的式樣與一般槍相似，惟其杆粗而長，一般杆粗可盈把，長一丈二尺以上。大槍一般是馬戰所用，近代也有練大槍用以步戰。大槍的作用比較簡單，沒有舞花動作，但力量大，攻擊性強，講究實用，以上

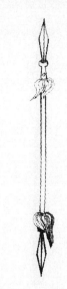

圖 2-45　大槍　　　圖 2-46　雙頭鈎鐮槍　　　圖 2-47　八卦大槍

肢動作為主（圖 2-45）。

　　（47）飛梭槍：槍的一種。參見（26）「梭槍」條。

　　（48）無刃槍：槍的一種。專供軍營操練使用。《宋史・兵志》：「詔廣南保甲，如戎瀘故事，自置裹頭無刃槍，竹標排，木弓刀，蒿矢等習武技。」

　　（49）雙頭鈎鐮槍：槍頭後部各有一小鈎和鈎刃，槍頭後有槍纓（圖 2-46）。

　　（50）八卦大槍：長杆兩端裝有槍頭和槍纓（圖 2-47）。

圖 2-48　少林橈鈎槍

（51）少林橈鉤槍：全長六尺至七尺。宋代用此器看家用也（圖 2-48）。

第三節　矛類

矛　是古代長兵器。其別名很多，有稜、鏦、長銚、鉂、鉈、刺兵等。

矛，起源於原始社會的狩獵工具。原始人將尖形的石塊或骨角，縛綁在竹、木杆上，用以錐刺獵物。新石器時，人們能對矛頭加以研磨，更具鋒利，至商代矛出現了一定的樣式，青銅矛即是商代發明的。是當時的主要兵器之一。至西周時期，矛被列爲五兵之一。《周禮·夏官·司右》鄭玄注：「五兵者，戈、殳、戟、酋矛、夷矛。」至春秋戰國時期，鐵矛大量地出現在戰爭中。河北易縣燕下都 44 號墓出土了這一時期的鐵矛。

秦漢時和三國時，多以長矛爲主，用於馬戰。至兩晉南北朝時，矛開始向槍的方面過渡及演變。

矛的別名很多，如：①「鉈」，俗稱蛇矛，「鉈，矛也……鉈又音蛇」（《說文句讀》）。②鈹（pì）「今江東呼大矛爲鈹」（《方言》）。③鐵跑，「矛之種名鐵跑」（《太公兵法》）。④鏫，「矛長丈八曰鏫，馬上所持者」（《釋名·釋兵》）。⑤鉂，「矛吳、揚、江、淮、南楚、五湖之間謂之鉂」（漢·揚雄《方言》）。⑥刺兵，「矛所以謂之刺兵者，其用直刺故」（清·程瑤田《考工創物小記》）。⑦長銚，「長銚，長矛也」（《庶物異名》）。下面介紹幾種不同的矛。

（1）**蛇矛**：通體鐵製，由矛頭、矛柄、矛鐏三部分組成。矛頭長二尺餘，扁平，彎曲如蛇形，兩面有刃，故稱蛇矛。

（2）**長矛**：矛頭長七八寸，形如槍頭，呈棱形。其下與柄相接，矛柄也可硬木製，粗如盈把，長一丈六餘有餘，矛鐏是柄的飾物，也有銅製者，呈錐尖形，可使矛插地而不倒。

（3）**大矟（shuǒ）**：矛的一種。長二丈五尺，長刃。「道恭為司州刺史，魏國司州，道恭於城內作土山，多作大矟，長二丈五尺，施長刃，使壯士執以刺魏人，魏軍甚憚之」《南史‧蔡道恭傳》。

（4）**丈八蛇矛**：矛的一種。矛曲如蛇，長一丈八尺，故名。《三國演義》第五回：「傍邊一將，圓睜環眼，倒豎虎鬚，挺丈八矛，飛馬大叫……燕人張飛在此！」

（5）**馬矟**：矛的一種。「武帝嘗辛鐘山，晃從駕。以馬矟刺道邊柱蘗，上令左右引之，應手便去」《南史‧齊長沙威五晃傳》。

（6）**仇矛**：矛的一種。矛頭呈三叉形。「仇矛，頭有三叉，言可以討仇敵之矛也」《釋名‧釋兵》。

（7）**𥐟（qiú）矛**：矛的一種。為三棱鋒利的長矛。「𥐟矛鋈錞，蒙伐有苑」《詩‧秦風‧小戎》。孔穎達疏：「𥐟矛，三隅矛，刃有三角。」

（8）**矛槊**：矛的一種。長一丈八尺。「胡便弓馬，善矛槊，鎧知連矟，射不可入。」北魏‧崔鴻《十六國春秋‧後涼錄‧呂光》（註：現代武術中所用之槍係由矛槊演變而來）

（9）**夷矛**：矛的一種。長二丈四尺。「二丈四曰夷矛」《釋名・釋兵》。

（10）**竹瓦街銅矛**：矛的一種。1959年在四川省彭縣竹瓦街出土，屬殷代銅矛，現存於四川省博物館。其矛頭的構造近似現代的槍，但略長，有曲刃，頂端有尖，側有二刃，中為脊，兩旁有槽，脊下沿為箍，箍旁鑄兩個半環紐，或在矛身兩側留有兩個小孔，用繩縛於木柄上加固。

（11）**拆樹矟**：矛的一種。「車駕幸樂遊苑」，侃預宴時，少府新造兩刃矟成，長二丈四尺，圍一尺三寸，帝因賜侃河南國紫騮，今試之。侃執矟上馬，左右擊刺，特盡其妙，觀者登樹。帝曰：『此樹必為侍中拆矣，俄而果拆。』因號此矟為拆樹」《南史・年侃傳》。

（12）**兩刃矛**：矛的一種。亦稱雙刃矛。矛柄之兩端均裝有刃。南北朝時蕭梁名將舉侃善用此雙刃矛。「瓚乃自持雙刃矛。馳出突賊，殺傷數十人」《後漢書・公孫瓚傳》。

（13）**宛魯**：矛的一種。「左執白楊刃，右據宛魯矛」左延年《拳女休行》。又稱「宛景」，見《太平御覽》三五三卷。

（14）**青矟**：矛的一種。「連發冊室異以，青矟四十人，赤矟四十人，黃矟十人，白矟四十人，紫矟四十人」《元史・禮兵志》。

（15）**松檟**：矛的一種。「矛，冒也。刃下冒矜也，松檟長三尺，其矜宜輕，以松做之也」《釋名・釋兵》。

（16）**刺彪**：矛的一種。「眾敬臨還，獻真珠鐺四具，銀裝劍一口，刺彪矛一枚」《北史・畢眾敬傳》。

（17）**屈盧**：古矛的一種。「甲二十領，屈盧之矛，步

光之劍，以賀軍吏」《史記・仲尼凝子列傳》。「屈盧，矛名」司馬貞《索隱》。

（18）酋矛：矛的一種。長二丈。「矛長二丈曰酋矛」《釋名・釋兵》。

（19）鶴膝：矛的一種。「矛甚細如鶴脛者，謂之鶴膝」漢・揚雄《方言》。

（20）激矛：矛的一種。「激矛，激即截也，可以激截敵陣之矛也」《釋名・釋兵》。

（21）御矟：矛的一種。指皇帝賞臣的矟。「治賜馬一匹、細銷一具、御矟一枚，懷乃於其庭跨鞍執矟躍馬，大呼曰：『氣力雖衰尚得於此』」《魏書・源懷傳》。

（22）銛（xian）矛：矛的一種。「城有半蒙祠，祠有銷甲銛矛，妄言前燕世天所降」《唐書・高麗傳》。

（23）惠：矛的一種，為三棱矛。「二人雀弁執惠」《書・顧命》。

（24）錟（yan）：鐵把短矛。是一種可隨手攜帶的兵器。《說文句讀》注：「小矛也。」

（25）少林蛇矛：長八尺至一丈零八寸（圖3-1）。清寂袍、寂亭、淳錦、淳密精此器也。

（26）少林雙頭蛇矛：長一丈零八寸（圖3-2）。清寂袍、寂聚、淳錦、淳念精此術。

（27）原始社會骨矛和石矛（圖3-3）。

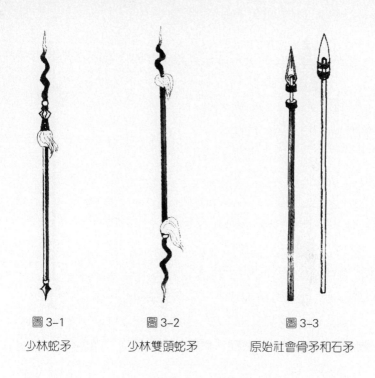

圖 3-1　　　　　　　圖 3-2　　　　　　　圖 3-3

少林蛇矛　　　　少林雙頭蛇矛　　　原始社會骨矛和石矛

第四節　殳類

殳（shū）　古代長兵器。是一種直而長的打擊兵械。由竹、木製成。以竹製成的有八棱而無刃。以木製者，多以柤、棗、栗、檜等堅實而柔韌的樹幹爲料，並以天生挺直、粗細合度爲尚，否則去皮刨製，即失堅韌。殳長約一丈二尺，兩端以銅、鐵箍之。頭頂端有圓筒形、多棱尖角形等。

又《古今圖書集成・椎棒部》說：「殳，殊也，長一丈二尺而無刃，有所撞桎於車上使殊離也。」

三國時期稱殳爲白棓，有時亦爲軍隊採用。據《抱朴子》載，吳國在征戰丹陽「山賊」時，以手持白棓的五千精

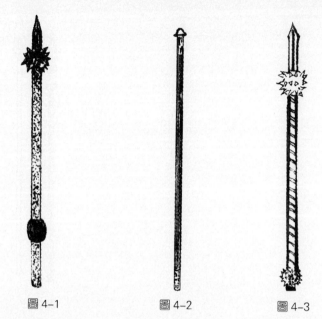

圖 4-1　　　　圖 4-2　　　　圖 4-3

湖北隨縣曾侯乙墓出土的殳　戰國時代無尖鋒殳　戰國時代有尖鋒殳

兵出擊,「擊殺者萬計」。

　　在唐代,每逢元旦、冬至的大朝會和大宴時,儀仗隊中就有殳仗隊,左右約有千人,執殳執叉者相間,十分威武。宋代皇帝效祀時,儀仗中也有前隊殳仗和後隊殳仗(《宋史·儀衛志》)。

　　隨著車戰消逝而減弱了殳的實戰價值和攻擊作用,後逐漸將殳演變成棍、棒的技擊器械了。下面介紹幾種殳的種類。

　　(1) 湖北隨縣曾侯乙墓出土的殳:殳杆通長 3.29 公尺,直徑 0.028 公尺,杆首有兩個用以撞擊的球狀銅箍,頂端有用作刺殺的三棱形矛頭。此為 1977 年 9 月出土的殳(圖 4-1)。

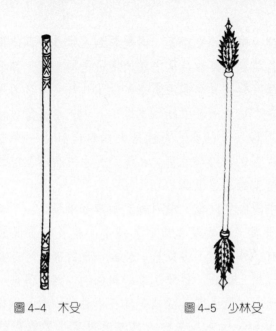

圖4-4　木殳　　　　　　圖4-5　少林殳

（2）戰國時代無尖鋒殳（圖4-2）。

（3）戰國時代有尖鋒殳（圖4-3）。

（4）木殳（圖4-4）。

（5）少林殳：長一丈二尺，八棱形又叫杵棒，約五尺，兩端粗頭各有鐵刺百餘，旁皆鐵齒。元代子安，明代洪榮、宗卿、同隨、祖良，清代靜樂等高僧精於此器（圖4-5）。

第五節　棍類

棍　武術長器械。棍有木製和金屬製兩種。木製的棍有齊眉棍、三節棍、二節棍等。金屬製的棍有鐵頭棍、渾鐵棍、渾銅棍等。還有鐵製的帶齒帶鉤棍，如爪子棍、狼牙

棒、鈎棒、鐵頭鏈夾棒等。棍是原始人類最普遍使用的兵械之一。各朝各代無論是軍中武術還是民間武藝，都對棍尤為重視。程宗猷《少林棍法闡宗》說：「凡武備眾器，非無妙用，但身手足法，多不能外乎棍。」古代在棍術方面造詣高人層出不窮。《引首》中述宋太祖趙匡胤「一條棍棒等身齊，打四百座軍州都姓趙」。此乃《水滸全傳》記載之。描述了趙匡胤的高超棍藝。

新中國成立以後，棍列為武術競賽項目之一。多用白蠟杆製。根據《武術競賽規則》規定，棍長不得低於本人身高。故有「棒齊胸，棍齊眉」之說。棍的部位可分為棍頭、棍根、棍梢三部分。棍頭是棍杆較細的一端的頂部。棍根是棍杆較粗一端的底部，棍梢是棍杆中細的一頭。棍術的技擊特點是勇猛、快速、多變。其流派很多，僅明代就有少林棍、張家棍等十幾種著名棍法。下面介紹棍的種類。

（1）**少林棍**：棍的一種。木製，長八尺至八尺五寸，通體一般粗細。相傳為明代少林寺武僧習武所用（圖5-1）。

（2）**白梃**：棍的一種，其色白，故名。《通鑒唐記》：「元宋御五鳳樓擺宴，觀者喧溢。金吾、白梃如雨，不能遇。」《孟子·梁惠王》：「殺人以梃與刃，有以異乎？」

（3）**金吾**：棍的一種。古代兵器。通體為銅鑄，其長度不及五尺。

（4）**齊眉棍**：棍的一種。常以白蠟杆製成，粗有盈把，棍豎直與人眉高度齊，故得此名（圖5-2）。

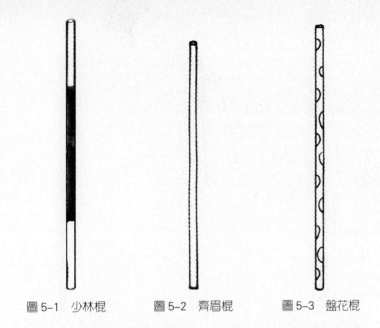

圖 5-1　少林棍　　　圖 5-2　齊眉棍　　　圖 5-3　盤花棍

（5）虎頭雙尾棍：棍的一種。屬長兵器。又名虎頭雙鞭。虎頭雙尾棍共有三根長短不同的棍子組成。中間一節長約四尺五寸，粗可盈把。兩端各有鐵環與一尺長木棍相連。此器械能長短兼用，軟硬結合，實戰性強。

（6）銅棍：棍的一種。又稱熟銅棍。通體為熟銅製成，粗寸餘，高齊胸，重四、五十斤。

（7）鐵棍：棍的一種。通體為鐵製，粗有寸半，高齊胸，重約三十斤。

（8）盤花棍：棍術的一種。因其棍身刻有花紋，故得其名。盤花棍的用法主要有劈、崩、掄、掃、纏、繞、絞、雲、攔、點、撥、挑、撩、掛、戳等（圖5-3）。

（9）楂枷：屬棍的一種。是朝鮮族三大民用兵器之一。梢節短，把節長，楂枷類似梢子棍。既可用梢節托劈、橫掃，也可用把節撩掛、戳點，同時深蘊長拳的身法和腿

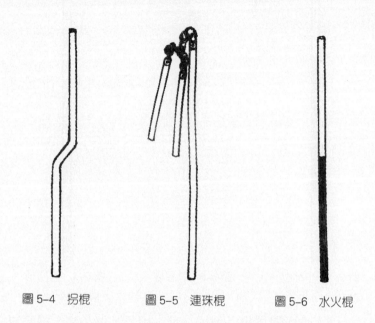

圖 5-4　拐棍　　　　圖 5-5　連珠棍　　　　圖 5-6　水火棍

法。是一種靈活多變、實戰性強的器械。

（10）拐棍：棍的一種。木製。在棍身中間有一突出橫拐，長約七八寸，故名。其主要擊法有劈、攔、挑、掛、戳、點、撥、撩、絞等（圖5-4）。

（11）杵：古兵器名，棍的一種。《宋史·呼延贊傳》：「及作破陣刀、降魔杵。」

（12）連珠棍：棍的一種。由一根長棍和兩根短棍組成。每根棍的兩端各有一鐵箍，箍上有鐵環，互相連接。用時雙手揮動長棍，同時帶動二短棍。其主要用法有劈、掃、掛、甩、絞、繞、點、撥等（圖5-5）。

（13）竹篦：棍的一種，竹製。是古代刑堂上用的刑具，也稱「批頭」。一頭完整，另一頭劈開。

（14）水火棍：古時供差役使用之棍。形如短棍。棍的

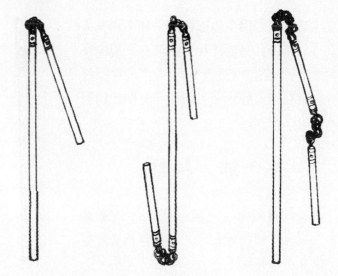

圖 5-7　長梢子棍　　　圖 5-8　兩頭梢子棍　　　圖 5-9　連珠雙棍

一半塗紅色，一半塗黑色。紅為火之色，黑為水之色，故名
（圖 5-6）。

　　（15）雙撾：武術器械。源於清代。形似短棍，長約
90 公分。

　　（16）長梢子棍：棍的一種。由長短不同的兩根木棍以
鐵環相連接而成。短棍的長度是長棍的一半，練時單手握住
長棍的端部，舞動時以長棍帶動短棍。梢子棍的擊法有劈、
掃、掛、甩等，亦可雙手持棍（圖 5-7）。

　　（17）兩頭梢子棍：一根長棍，兩頭各一根短棍，以三
個鐵環與長棍相連接，三環的中間一環兩側也可另加兩環為
響環，配有響聲，舞動起來首尾相顧（圖 5-8）。」

　　（18）連珠雙棍：棍的一種。由一根長棍和兩根短棍相
互連接而成。棍頭之間三個鐵環扣連（圖 5-9）。

（19）夾刀棍：也屬棒的一種。長為六尺五寸。其中分為棍棒和刀兩部分。棍棒為木製，粗可盈把。刀長一尺二寸，脊厚鋒利，刀頭略向上翹，刀尖鋒利。為明代創製（圖5-10）。

第六節　棒類

棒　同屬棍種。《武備志》：「棒與棍，一也。」棒長約五尺，以堅韌白蠟木製之。棒身兩端粗細不一，一端粗可盈把，此端是握手處。往上愈細，頂端粗為八寸。《中華古今注》謂：「棒者，車輻也。漢之金吾亦棒也，以銅為之，黃金塗足。」又云：「曹操初入尉廨，造五色棒十餘枝，懸於門首，有犯禁者，皆棒殺之。」棒的種類較多，僅《武經》記載即有鉤棒、抓子棒、狼牙棒、杵棒、杆棒、大棒、夾鏈棒七種。下面介紹棒的種類。

（1）丈二棒：其長度為一丈二尺，粗可盈把。棍術特點是活動範圍大，攻防意識強。主要用法有：出、歸、起、落、吞、吐、沉、浮等。要求勢勢相連，一氣呵成（圖6-1）。

（2）大棒：長七尺，重三斤七兩，頂端有一鴨嘴形鐵製銳器。此器長二寸，中有脊，兩邊尖銳有刃，頭部圓而扁平，有薄刃。

（3）五色棒：《魏志·武帝紀注》：「初入尉縣，造五

圖5-10　夾刀棍

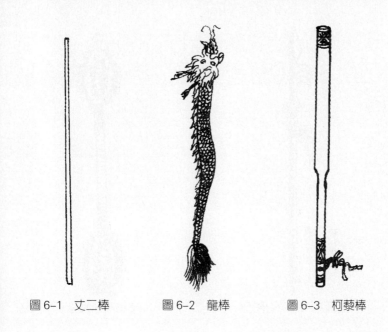

圖6-1　丈二棒　　　圖6-2　龍棒　　　圖6-3　柯藜棒

色棒，縣門左右各十枚。犯禁者，不避豪強皆棒殺之，京師斂跡。」

（4）龍棒：棍梢處有金屬或硬木製成的龍頭，棒杆似龍身或圓杆，以其形似龍而得名。其用法與棍相同（圖6-2）。

（5）白木棒：棒的一種。《抱朴子》：「賀將軍討山賊，賊中有善禁者，及多用白木棒擊之，禁不能行。」

（6）柯藜棒：長六尺，分為上下兩截。下截長二尺半，尾部粗約寸半，並有孔可繫繩索，愈向上愈細，最細處為一寸。上截長三尺半，下部粗一寸半，頂端粗兩寸。棒體為木製，其上截頭部裹有鐵皮（圖6-3）。

（7）赤棒：古代供執法用的紅色棒。《北史·高道穆傳》：「為御史中丞，帝姊壽陽公主行，犯清路，執赤棒卒

圖6-4 抓子棒

圖6-5 杵棒

呵之不止，道穆令卒碎其車。」

（8）**杆棒**：長約六尺，粗可盈把，以白蠟杆或帶有韌性之木製成。盛行於宋元時代。《水滸傳》第一回：「一條杆棒等身齊，打回百座軍州都姓趙。」

（9）**抓子棒**：其由抓和棒兩部分組合而成。抓為鐵製錨狀物，上有三爪和四爪不等。下與木棒聯接。棒長五尺，底部有鐏。抓子棒的用法有擊、鉤、割、帶等。其又名鉤棒（圖6-4）。

（10）**杵棒**：長五尺，尖長一寸二分。棒頭的兩端各長一尺五寸，上端植有小刺48個，下端植有小刺50個，小刺長五分，狀如狼牙。杵棒具有刺、槍、劈、戳、撩、鋸、掃等用法（圖6-5）。

（11）**狼牙棒**：長約六尺。棒頭為蛋形圓木，上植許多

圖6-6　狼牙棒

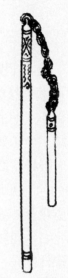

圖6-7　鐵鏈棒

鐵釘，形如狼牙，故名。也有鐵釘處植入鐵鉤而成的。另有雙頭狼牙棒，但其長度較短，不超過四尺五寸。狼牙棒重而笨，一般為馬上騎戰所用。盛行於宋代軍旅中（圖6-6）。

（12）狼牙槍棒：頂端形如狼牙棒，尾端有一突出鐵槍頭。狼牙槍棒具有錘、棍、槍的用法。

（13）鐵鏈棒：又稱「梢子棒」「二節棍」。由兩根長短不一的木棍連接而成。長棍約四尺，短棍一尺五寸。長短棍每端各有一鐵箍，箍上帶環。二棍以尺長鐵鏈相連（圖6-7）。用時雙手握住長棍帶住短棍。鐵鏈棒動作靈活，可長可短。主要用法有劈、掃、掛、甩等。

（14）車輻：即棒，《古今注》：「車輻，棒也。」

（15）太極十三杆：太極器械中的長兵器。杆長八尺以上。雙手持杆，以劈、崩、纏、繞、扎組成套路。運用太極

拳的身法、步法，以腰為主，邊達杆身，主要增強兩臂力量。

（16）棒　壯族古杆：短器械的一種。為雲南壯族使用的古杆。此器為鐵製的四方形帶褲長矛。長二尺至二尺三寸，非常鋒利。杆柄為硬木所製，長一尺七寸。此杆具有劈、撥、絞、撩、架、掃、挑、射、投等功能。

（17）鞭杆：武術短器械的一種。源於甘肅省南部而流行於中國的西北部地區。鞭杆以白蠟杆製之，兩端粗細不一，握手處粗有寸餘。其長度一般為三尺五寸，或將左手向左側平舉，右手屈肘置於胸前，右肘尖至左手中指尖之長，即為所用鞭杆之長。鞭杆攜帶方便，使用靈活、迅猛多變，是自衛防身的武器。其主要用法有搬、砸、扭、扣、飛、刮、摺、挑。其把法有死把、活把、陰手把、雙把換單把、單把換雙把等。基本功練習有五陰、七手、十三法等。套路練習有黃龍鞭杆、搁手鞭杆、纏海鞭杆、雲摩鞭杆等。

（18）護手狼牙棒：形如狼牙棒，惟握手處有金屬護手。護手呈月牙形，兩端尖銳，中有薄刃（圖6-8）。

（19）太極棒：又名「太極尺」。用木或金屬製成。分實心和空心兩種。長一尺八寸左右。中間直徑為一寸六左右。其演練分定步和活步兩種。定步以練四正手（掤、捋、擠、按）為主，四隅手（肘、靠、採、挒）為輔；活步則以練四隅手為主，四正手為輔。

（20）白嘎：藏族武術器械。由棒杆和牛皮繩兩部分組成。棒杆長約二尺，粗約一寸左右，有方、圓兩種形狀。近棒端修有一長為四寸、直徑為八九分的握把，以硬木製成。牛皮繩長約九尺，軟而結實。一頭繫於把端，另一頭結一個

圖 6-8　護手狼牙棒

圖 6-9　白嗄

小繩套。既具有棍棒的敲、戳、劈、撩的作用，又具有繩的抽、絞、套、勒等功能（圖 6-9）。

（21）鏈夾：武術短器械。用兩根尺餘長的硬木棍，中間連以七寸長鏈條，鏈條上裝有 2 個響環。具有劈、格、截、掃、架、纏、繞等功用。我國的苗族、傣族、壯族等多使用。

（22）檽：武術雙器械。木製而成。其長度與胸平。粗端直徑約寸半，細端直徑為一寸，形似筷子，有小孔穿以穗。演練起來，雙手各持一檽，握於粗端。主要用法有劈、刺、杵、截、掃等。

（23）八棒：《傳燈錄》：「僧問閭山，令會禪師明，明不會，乞師指示，師曰：『八棒十三禪』。」

（24）太極大杆：也屬棍的一種。是陳氏太極拳中常用

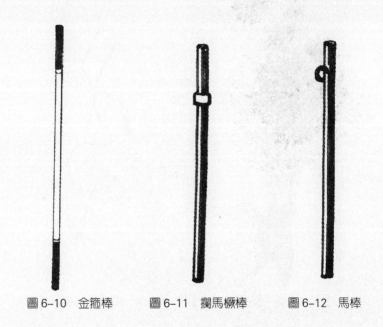

圖 6-10　金箍棒　　　圖 6-11　攔馬橛棒　　　圖 6-12　馬棒

的兵器之一。採用白蠟圓木製成，故又稱「蠟木杆」。杆長九尺，粗及盈把。木杆一端有約二尺長的部位較細，供手握用。其演練法有攔、繃、批、打、扎、擰等。

（25）金箍棒：也屬棍的一種。棍長八尺左右，棍梢和棍根處均套有尺餘長的鐵箍或銅箍（圖6-10）。金箍棒的主要擊法有劈、崩、掄、把、掃、纏、繞、絞、點、撥、雲、攔、挑、撩、掛、戳等（另外，在《西遊記》神話中的齊天大聖孫悟空所使之「金箍棒」也稱「如意棒」，其棒的大小隨意而變，主要用於降妖除怪，但此乃神話不作為據）。

（26）攔馬橛棒：棍身較短，長不過四尺五寸，棍梢處有一突出的鐵箍，粗約三寸，長不足一尺（圖6-11）。其用法與棍相同。

（27）**馬棒**：棒身較短，棒梢處繫有一鐵環（圖6-12）。其用法與棍相同。

（28）**棓**：因其以白木製之，故又名白棓。棓粗寸半，長約六尺，兩端套有圓形鐵箍。漢唐時盛行。

（29）**天棓**：棒的一種。《六韜》：「方首鐵棒，維棓重十二斤，柄長五尺以上，千二百杖，一名天棓。」

第七節　鏟類

鏟　武術器械之一。是薄體闊刃的長兵器。《武備志》：「鏟似彎月，月牙朝上，鏟柄長小尺一丈，尾有刃，以便後刺。」鏟是由生產工具演變而成為古代戰爭的兵器和武術器械。遠在原始社會就有了石鏟，商代發明了青銅鏟，至戰國開始用鐵鏟。

據南北朝梁朝慧皎的《高僧傳·釋僧護》曰：「初僧護所創叢龕過淺，乃鏟入五丈，更施頂髻。」別據《廣韻》記述：「鏟，平木器也。」

鏟也是古代百姓和僧侶隨行護的武器。鏟頭一般均是鐵製，但杆有木或鐵製兩種。鏟長六七尺。其中頭長一尺二寸，扁平的呈彎月形，月牙朝上，刃薄而銳，向後漸豐厚，底部有一套筒與柄連接。鏟柄尾部裝有鑽，可做刺點用。有的鏟頭，底部兩角各鑿一孔，上套粗大鐵環，舞動聲聲作響，以增威勢。

主要擊法有推、壓、拍、支、滾、鏟、截、挑、撥、劈、沖、搖等。另有短兵鏟等。下面介紹鏟的種類：

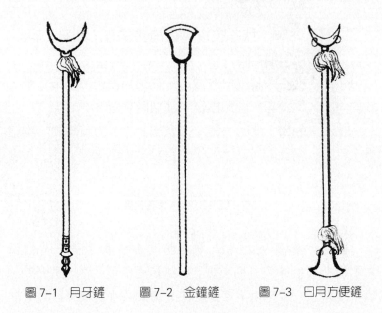

圖 7-1　月牙鏟　　　圖 7-2　金鐘鏟　　　圖 7-3　日月方便鏟

（1）**月牙鏟**：因其鏟頭如月牙而得名（圖 7-1）。

（2）**金鐘鏟**：鏟頭外形似鐘，鏟刃朝上。鏟柄長六尺（圖 7-2）。

（3）**日月方便鏟**：（圖 7-3）。

（4）**方便鏟**：（圖 7-4）。

（5）**長鏟**：鏟頭有一似銅錢狀圓孔，鏟頭後部裝有兩個圓環。鏟柄較長。另一頭呈劍芒，並與其相連有一曲形蛇鉤，其尖部鋒利（圖 7-5）。

（6）**鳳翅鏟**：鏟頭後部裝一形似鳳翅形曲刃，故得名。柄後無鐏（圖 7-6）。

（7）**葫蘆鏟**：鏟的一端呈月牙形，另一端呈葫蘆狀，鏟中部位另裝一月牙護手和小鐮狀（圖 7-7）。

（8）**禪杖**：又稱「錫杖」，佛教僧人多持之。長約五

圖7-4　方便鏟

圖7-5　長鏟

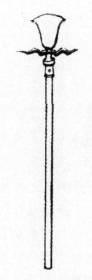

圖7-6　鳳翅鏟

尺，通體鐵製。兩頭有刃。一頭為新月牙形刃，月考處有四個小孔，分穿四個鐵環，另一頭形如倒掛之鐘，長約7寸。尾端兩側各鑿一孔，穿有鐵環，柄粗寸餘。禪杖兩頭均可使用（圖7-8）。宋代《水滸傳》中的梁山好漢魯智深擅此械。

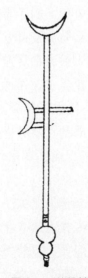

圖7-7　葫蘆鏟

圖7-8　禪杖

第八節　斧類

斧　古代兵器的一種。斧又名戚、懼、斤、戣、鐵糕糜等。斧因其式樣和用途不同，而有不同的名稱。但大體式樣基本相似，均爲一面呈扇形刃，一面爲長方形，下部裝有木柄。斧的用法有：挑、攔、架、格、砍、抹、刺等。遠在舊石器時代，就出現了石製的斧，以作耕耘捕獵之用。

新石器時期，斧有了橢圓形、扁平形、實身梯形式樣。石斧上鑿有洞孔便於揮使。至商代，由於冶銅業的發明，大量的青銅斧成爲軍隊的主要兵器之一。此間，商代還造出了銅鐵相間斧。至周代斧在當時軍中逐漸退爲次要兵器，大多作爲飾物或權力的標誌或斬殺的刑具。至春秋戰國時，斧向廣大的少數民族地區流行。到了秦漢三國之際，戰爭形式有了很大的改變，騎戰和步戰成爲當時戰鬥的主要形式。又由於鐵器製造業的發展，鐵斧的質量和重量有了很大的提高，具有很大的殺傷力，故斧又被軍隊作爲主戰兵器之一。至隋唐五代，斧的代表式樣有鳳頭斧、長柯斧等。斧的刃部加室，手柄縮短，這種斧的砍殺效能相當的高。唐代詩人李白在《贈宣城趙太守銳》詩中寫道「持斧佐三軍，霜清天北門」之句。

《舊唐書·李嗣業傳》記載，李嗣業在唐玄宗天寶十五年（公元756年）與安祿山的香積寺之戰，李以步兵三千，持陌刀、長柯斧堵擊敵兵，取得戰鬥的勝利。至宋元時期，斧在戰場上仍然使用。紹興十年（公元1140年）金兵將領兀朮率領精兵一萬五千餘人騎達郾城，宋軍名將岳飛領將士

各持斧刀，上砍敵人，下斬馬足，大敗金軍。金將領完顏兀朮當時承認，「宋用軍器，大妙者不過神臂弓、次者重斧，外無所畏」（摘自《會編‧征蒙記》）。

當時宋軍使用的戰斧有大斧、鳳頭斧、蛾眉钁、剉子斧等。至元代蒙古兵使用的戰斧有錨斧、鐮斧。至明代時，大斧的種類有日華斧、開山斧、無敵斧、靜燕斧、長柯斧等，其式樣與宋代斧相似。清代斧被編進十大類軍器之中，八旗前鋒營裝備了圓刃斧和直刃斧。而綠營裝備的斧，柄長有 4 尺的長柄斧和柄長 1 尺 6 寸的短斧。另有每把僅 1 斤重的雙斧，雙斧柄長僅有尺餘，斧刃甚小，攜帶方便，使用靈活，很受將士的鍾愛。

現代斧作爲武術的器械之一，由於演練起來比較笨重，有的套路已經失傳了，故而使用斧者已不多見。練習斧時，要求吞吐起落、粗獷豪爽的風格，舞動起來，姿態優美，是項很好的鍛鍊身體的武術器械。下面介紹斧的種類如下：

（1）三板斧：古代長兵器的一種。相傳爲程咬金所用。斧闊五寸，柄長七尺。用法有劈、砍、剁、摟、砸、掛、截、撩、雲、片、推、支等。

（2）馬戰斧：屬於長兵器，古代軍械。是三板斧的別名。參見三板斧條目。

（3）大斧：古代長兵器的一種。斧重柄長，斧頭有銅製和鐵製兩種。斧頭一面有刃，刃闊八寸左右，尾部厚而窄，並帶有突出往下彎曲的尖角。柄長丈餘（圖 8-1）。大斧用於儀仗之兵，也用於騎兵作攻城斬關或先鋒拔寨之用。其名有開山、靜燕、日華、無敵、長柯等。

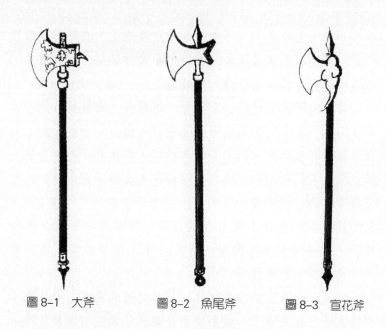

圖8-1 大斧　　　圖8-2 魚尾斧　　　圖8-3 宣花斧

　　（4）**魚尾斧**：古代長兵器的一種。斧頭形似魚故得其名（圖8-2）。其主要用法有劈、剁、摟、抹、刺、雲、片、鈎、掛等。

　　（5）**宣花斧**：古代長兵器的一種。斧頭刃的一面特別大，斧端之刺較一般長（圖8-3）。其用法與斧同。

　　（6）**祥子賽花斧**：古代長兵器的一種。斧背呈花狀，具有一鈎彎向斧刃。斧頭很大，斧柄較短，斧柄尾端一個三棱形鐵鑽（圖8-4）。其用法與斧同。

　　（7）**車輪斧**：古代長兵器的一種。其斧頭形如車輪，故得其名（圖8-5）。用法與斧相同。

　　（8）**鰲頭斧**：古代長兵器的一種。其斧頭的刃面特別大，斧端之刺較一般斧為長（圖8-6）。其用法與斧相同。

　　（9）**鐵糕糜**：斧的別名。參見斧條。

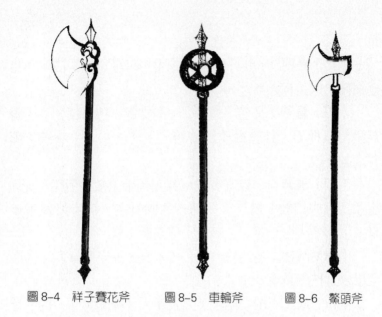

圖 8-4　祥子賽花斧　　　圖 8-5　車輪斧　　　圖 8-6　縶頭斧

（10）斤：斧的一種別名。《孟子・梁惠王》稱斤斧並言。《毛詩・豳風傳》謂：「楕鑿者為斧，方鑿者為斤。」參見斧條。古時作「斤」。

（11）戚：斧的一種別名。《釋兵・釋名》曰：戚戚也斧，似斬斷，見者皆戚懼也，故稱俱。」參見斧條。

（12）瞿：斧的一種別名。瞿之形狀如商代無胡之句兵，惟不以內安柲，而用橢圓鑾管安柲。《周書・顧命》稱此器為：「侍臣所執之兵。」《尚書・鄭法》為：「蓋今三鋒矛，亦因未見其器，如為擬似之伺。」

（13）戣：斧的一種別名。《說文解字》稱此器為：「侍臣所持之兵，……此器有內，以納入柲中。」古字作「朩」。

（14）王斧：斧的一種。《宋林》曰：「鉞，王斧

也。」

（15）長柯：斧的一種。《宋書·垣護之傳》曰：「每至鐵柵，以長柯斧斷之。」

（16）蕭斧：又名「越斧」。《文選·魏都賦》：「蕭斧戩柯以押刃，虹旌攝揮以就卷。」《注》：「翰曰：蕭斧，越斧也。」

（17）玉斧：「以玉製成。為元代帝王儀仗所用。元·趙孟《宮中口號》詩：「一時侍衛回身主，無步將臨玉斧來。」亦名「劈正斧」。」參見「劈正斧」條。

（18）玉柱：名斧的一種。《宋史·孫守榮傳》：「李全果以玉柱斧為貢。」

（19）戊：「鉞」的本字。大斧。《釋文》：「鉞，音越。本文作戊。」參見「大斧」條。

（20）大斧：長斧的一種。又名「開山」、「靜燕」、「無敵」、「長柯」等。斧重柄長。斧頭有銅製和鐵製兩種。一面有刃，刃闊八寸左右，尾部厚而窄，並帶有突出往下彎曲的尖角。柄長丈餘。大斧出自宋代，用於儀兵，也用於騎兵爭戰。

（21）齊斧：又名「黃鉞斧」。用以征伐前齋戒圖出師吉利之斧。《周易·旅》：「得其齊斧。」

（22）關斧：又名「金剛關頭斧。」《後漢書·馬融傳》：「終葵，揚關斧。」鄭玄注：「謂金剛關頭斧。」《疏》：「漢時斧近刃，皆以鋼鐵為之，又以柄關孔。」故名。

（23）西庵銅斧：是西庵遺址西周墓地的出土文物，屬商周時代的兵器。

（24）竹瓦街銅斧：1959年在四川省彭縣竹瓦街出土，屬殷代銅斧。形同石斧，由石斧衍化而成。現存於四川省博物館。

（25）狂章：斧的別稱。《太公兵法》：「斧神，名狂章。」

（26）金斧：《鹽鐵論》：「至其抽筋鑿骨，非行金斧不能決。」《中華古今注》：「金斧，黃鉞也。鐵斧，鉞也。三代通用之以斷斬。今以黃鉞為乘與之飾。玄鉞，諸公王德建之。武王以黃鉞，故王者以為戒。漢制諸公亦建立玄鉞，以太公秉之，助武王斷斬，故為諸公之飾焉。大將出征特加黃鉞者，以銅為之，黃金塗刃，乃柄不可得純金也。」

第九節　鉞類

鉞（yuè）　古代兵器。武術器械之一。鉞的起源可以追溯至舊石器時代，當時人們利用天然石料製成一面或多面的刃的生產工具，鉞的形成與斧的形成屬相同時代。至商代銅鉞、銅斧有了大量生產，並作為軍隊的主要兵器之一。以後各朝代鉞都被軍隊所廣泛運用。《逸雅》：「鉞，豁也。」鉞也用於儀仗。《書徑》云：「鉞以金飾，王無自由之理，左杖以為儀耳。」鉞的式樣與斧相同，惟較斧為大。鉞比斧頭大三分之一，杆長一尺半。鉞杆末端有鑽。鉞在斧頭之上加有突出之短矛，長約六寸。使鉞之法合斧、矛、槍三者為一體。其法除有斧、矛和槍鑽用法外，還有刺、撥、點、追四法。鉞有長杆之鉞和短杆之鉞，如八卦掌拳派所用的子午鴛鴦鉞，就是一種短雙器械。

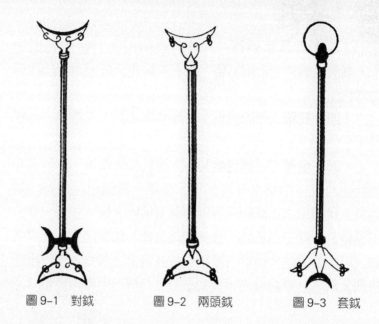

圖 9-1 對鉞　　　圖 9-2 兩頭鉞　　　圖 9-3 套鉞

（1）**對鉞**：古代長兵器。杆長一丈，杆兩端各有一鉞。二鉞下端又各有一隻小鉞與其杆垂直（圖9-1）。其主要擊法與鉞相同。

（2）**兩頭鉞**：古代長兵器。杆長八尺，杆兩端均有一鉞，其杆兩頭可用（圖9-2）。主要擊法如鉞，惟比鉞更為靈活多變。

（3）**套鉞**：古代兵器械。其柄長一丈，其一端有鉞，鉞上又有一小鉞，故得其名。柄另一端有一圓鏟（圖9-3）。套鉞具有鉞鏟的功能，其主要擊法與鉞相同。

（4）**鏟鉞**：古代兵器械。其一端為鉞，另一端為鏟，故得其名（圖9-4）。具有鏟鉞的功能，其擊法與鏟、鉞同。

（5）**雙手鉞**：杆長四尺，柄端各有一鉞，握柄處下端

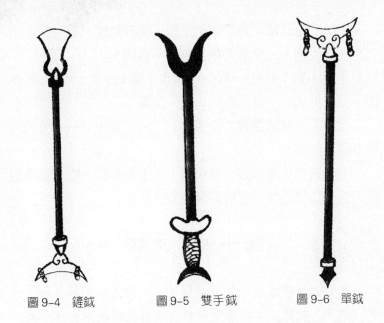

圖9-4　鏟鉞　　　　　圖9-5　雙手鉞　　　　　圖9-6　單鉞

也有一小鉞。其鉞兩頭可用（圖9-5）。可單隻使用，也可
兩隻同時使用。其主要擊法與鉞相同。

（6）**單鉞**：其鉞形似月牙鏟，柄下端有一三棱形鐵鑽
（圖9-6）。

（7）**大鉞**：鉞的一種。《史記‧周本紀》：「周公旦把
大鉞，畢公把小鉞，以夾武王。」

（8）**小鉞**：鉞的一種。參見大鉞條。

（9）**天鉞**：鉞的一種。《干戈戚揚疏》：「傳以戚為
斧，以揚為鉞。鉞大而斧小，太公六韜云：大柯斧重八斤，
一名天鉞，是鉞大於斧也。」

（10）**玄鉞**：即「鐵鉞」。《史記‧周紀》：「武王又
射三發，擊以劍，斬以玄鉞，懸其頭小白之旗。」《集
解》：「宋均曰：『玄鉞用鐵，不磨礪。』」

（11）龍形鉞：頂端側出一鉞，其形如鏟，另一端側出一鉤，鉤尖朝下。整個器械呈龍形，故名。

（12）劉：鉞的一種。《尚書·顧命》：「一人冕執劉，立於東堂。」鄭玄注：「劉，鉞屬。」

（13）少林降魔鉞：全長七尺二寸（圖9-7）。清代高僧淳華精此器。

另外還有：護手鉞、虎撲鉞、子午鴛鴦鉞、雞爪陰陽鉞等。因俱為雙器械，故皆歸雙兵類介紹。

第十節　叉類

叉　武術長器械。又稱「鋼叉」。南方拳派稱之為「大鈀」或「三指鈀」。在遠古時代，為捕魚狩獵的生產工具，後演變為一種兵器。《紀效新書》：「凡試叉鈀，先令自使，手其身手步法合一，復單人以長槍、短刀對較。能架隔長槍、刀、棍，出殺人者為熟。」

叉由叉尖和叉巴兩部分組成。叉尖為鋼製，有三股叉，中股直而尖，兩側股由中股底端弧形向前，後粗前尖。通體為圓形或扁平形。叉把木製或鐵製，粗可盈把。按其部位可分為上把段、中段、下把段和把尖。上把段為其頂端接叉處。上把段至把中部為中段，再下為下把段。把底端為把尖。叉的主要擊法有轉、滾、搗、搓、刺、截、攔、橫、扦、捂、挑、掏、貫、拍等。下面介紹叉的種類如下：

（1）火叉：攻城之器。長一丈五尺。叉尖鐵製，平分兩股，略向下彎曲。為攻城利器，可掛於城牆以利攀登。二

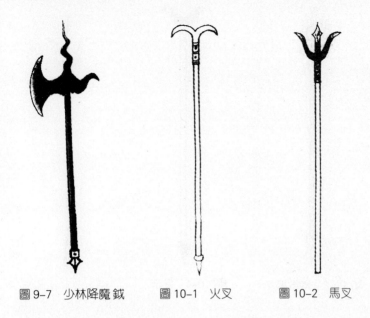

圖 9-7　少林降魔鉞　　　圖 10-1　火叉　　　圖 10-2　馬叉

叉中間可置薪、松等可燃之物，敷以油膏，以火攻城（圖
10-1）。火叉能勾、割、鏟。

（2）**馬叉**：長丈二尺，叉成三股，呈扁尖狀。堅木為
把（圖 10-2）。叉不易飛擲。為馬上騎戰所用。用法與槍
同。把柄可以挑、格、肘擊等。

（3）**馬架**：又稱「馬叉」。長 1～3 尺，合攏呈四方
形，除握手這一邊外，其餘三邊均可擊人。而且四角生鉤。
運用時，具有棍和鉤的特點，既可砸、掃、點、打，又可
鉤、夾、攪、掛。明朝中葉抗倭時，流行於山東一帶沿海地
區。

（4）**文叉**：長八尺左右。式樣與鋼叉略同，只是不在
叉上把段置鋼片，叉尖兩側股向外彎曲，且用法如钂鈀。

（5）**五股鋼叉**：叉頭長一尺半，分為五股，當中一股

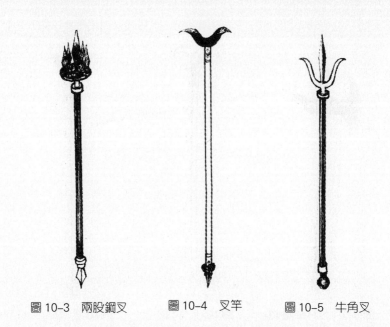

圖 10-3　兩股鋼叉　　圖 10-4　叉竿　　圖 10-5　牛角叉

高出三四寸。把長八尺。把尾有鐏（圖 10-3）。

（6）叉竿：為攻城之器，又分兩股向外彎曲，似杈狀，如菱角。其形平闊，叉尖處有銳角。可叉上飛梯登城佐攻，也可作兵器擊敵（圖 10-4）。

（7）牛角叉：叉頭分為三股，中股挺出三四寸，把長八尺左右。把尖有一爪狀鐵錘，重量為尖頭的一倍。此器兩頭可用（圖 10-5）。其主要擊法有轉、滾、攔、砸、搗、挑等。

（8）龍鬚叉：叉頭分為二段，形如龍鬚，故名（圖 10-6）。其用法與叉相同。

（9）四平叉：叉頭分為四股，長短相同。叉把長八尺。把尖有三棱形鐵鐏（圖 10-7）。其主要擊法與叉相同。

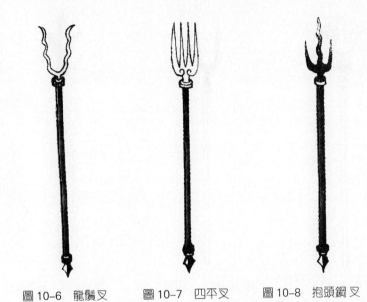

圖 10-6　龍鬚叉　　　圖 10-7　四平叉　　　圖 10-8　抱頭鋼叉

（10）武叉：長一丈二尺，形狀頗似戈、戟。步騎戰均可使用。用法除有叉的功能外，還具有勾的特性。

（11）抱頭鋼叉：中股長出其餘二股三四寸，形如蛇。旁邊二股由中股底端環抱而曲。柄長八尺，柄尾有鐏（圖10-8）。用法與叉相同。

（12）釵把：明代對「叉」的通稱。

（13）鋼叉：中國北方拳派對「叉」的俗稱。在上把段置有兩個鋼片。

（14）羊角叉：稀有長兵器。其形呈「丫」樣。

（15）筆架叉：形似筆架而得名。其特點是正握為短兵器，把握為暗器，長度和寬度，因人而異，一般比使用者前臂長一寸。總長約一尺五。叉心有圓、棱角、大角或八角之分，均為細鋼、銅等金屬製成。使用時，正握可用戳、撩、

圖 10–9 飛叉

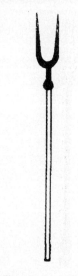
圖 10–10 二股叉

圖 10–11 三頭叉

拉、劈、架、掃、絞、壓等。反握可用
戳、撞、架、切、格、剪等。可作單器械
之用，也可作為雙器械之用。

（16）飛叉：武術器械。杆上有三個
平扁帶刃頭（圖 10–9）。

（17）二股叉：鐵製。長杆。杆頭有
二股平行的錐叉。故名二股叉（圖 10–
10）。

（18）三頭叉：杆頭有一護環盤，中
間有一頭叉形似劍狀，劍腰部位左右分出
牛角狀帶刃刀叉（圖 10–11）。

（19）三股叉（圖 10–12）。

（20）少林獨股叉：全長八尺，用於

圖 10–12 三股叉

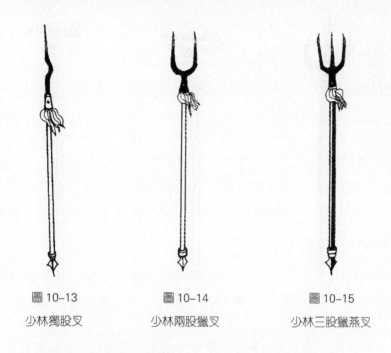

圖 10-13	圖 10-14	圖 10-15
少林獨股叉	少林兩股獵叉	少林三股獵燕叉

防身習武守院之器也（圖 10-13）。

（21）**少林兩股獵叉**：全長七尺半，用於防猛獸、盜賊之用（圖 10-14）。元智聚、明悟雷、清湛德精此叉術。

（22）**少林三股獵燕叉**：全長七尺半（圖 10-15）。清湛德、寂敬、淳華等練此術也。

第十一節　鈀類

鈀　古代長兵器。原爲農具，後演變成兵器。又名「耙頭」。一般以鐵爲柄，長九尺，無鐏。柄端橫一長方形鐵板，長一尺八，厚四寸，周四寸。上有七寸長銳齒七至十一個。鈀重而沉，其用法有擂擊、撞擊、築擊、反擊、格、

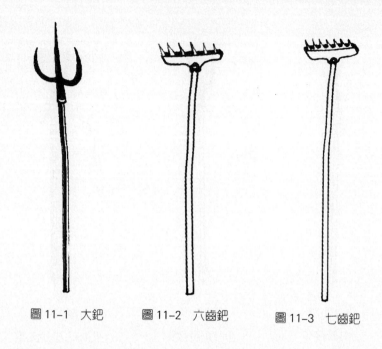

圖 11-1　大鈀　　　圖 11-2　六齒鈀　　　圖 11-3　七齒鈀

架、挑、撥、擋、劃等。擊法有推牽、倒頭打、大斜壓扁身
殺。武術套路單練的有荷葉鈀，九齒釘鈀等，對練的有鈀對
刀牌、鈀進槍等。下面介紹鈀的種類如下：

（1）大鈀：南方拳派稱為叉（即三股叉）（圖 11-
1）。

（2）三指鈀：南方拳派稱為叉（即三股叉、大鈀）
也。

（3）六齒鈀：鈀頭長二尺二寸，因有六個鋒利的鐵
齒，故名（圖 11-2）。用法與鈀同。

（4）七齒鈀：鈀的一種。鈀頭之齒細小，有七個鋒利
鐵齒故名（圖 11-3）。用法與鈀同。

（5）七星鈀：由鈀頭、鈀柄兩部分組成，鈀頭以鐵或

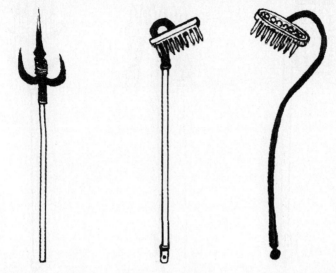

圖 11-4　七星鈀　　　　圖 11-5　九齒鈀　　　　圖 11-6　少林九齒鈀

鋼製。有三叉，中叉長 1 尺有餘，兩側叉長約 5 寸，叉間距約二寸四，鈀柄以硬木製，長二尺四～二尺七，因中叉上有七個圓星錢，故名（圖 11-4）。用法有刺、擋、鏟、架、掃、撩、挑、壓、靠、拋、滾等。

（6）九齒鈀：《西遊記》中豬吾能（八戒）擅用之械，一路降魔除妖，保護唐僧取經，雖屬神話，難為考證。但九齒鈀的威力，眾所周知也（圖 11-5）。

（7）少林九齒鈀：全長五尺三寸，頭寬一尺二寸，齒長三寸（圖 11-6）。宋、元時洪溫和尚精此器。

（8）少林拍鈀：頭長一尺二寸，寬七寸五分，杆長四尺半，鈀上帶釘（圖 11-7）。元代智安精此器。

（9）月牙鈀：長七尺半，其中柄長六尺半，粗為三寸，硬木製成，鈀頭為煉鐵所製。頂端尖銳形似槍頭，下有

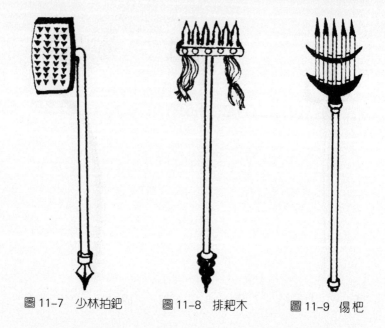

圖 11-7　少林拍鈀　　　　圖 11-8　排耙木　　　　圖 11-9　傷杷

兩個向下彎曲的倒刺，呈扁平月牙形。清代綠營軍所用。

（10）**鐵齒谷鈀**：長七尺六寸，重約五斤。齒鋒利似釘，兼有矛和盾的用法，亦有鈀的用法。

（11）**通天鈀**：長八尺。其柄長七尺，粗三寸，為硬木所製。鈀頭長一尺，其中間有一突出之槍頭，槍頭下有一橫叉，略向上翹，上有三對朝向不一的鐵刺。清代綠營軍所用。

（12）**钂鈀**：馬戰所用。其形如叉。鈀頭三峰直指，橫有彎股刃。中鋒直下過橫股為柄庫，內中空如管。柄長六尺半至七尺半。重五斤。其擊法有拍、絞、壓、挑、扎等。

（13）**排耙木**：屬少林門的古重兵器。在《唐史》、《隋唐演義》上均有記載。此兵器曾為西突厥人史大奈所使用，流傳至今。排耙木由耙頭、木柄、尾椎組成。長約五

尺四寸，耙頭呈「丁」字形，六根耙尖似木梳豎立（圖11-8）。基本技法有刺、撩、拍、攔、掃、刨、絞、掄、鉤等；基本步型有弓、虛、歇、仆、獨立、跪步等。

（14）蘖耙（yì）：木製。為步戰所用。以堅韌木杆五枝，長二尺一寸，前尖後直，嵌入兩個半圓製木內，五枝並列成排。另有木柄一枝，長三尺，以中杆及製木扎緊，形似柄之柵牌，蘖耙攻守兼用，格架槍刃尤其便利。

（15）扒：古代叉的一種別名。

（16）偒杷：（圖11-9）。

第十二節　戈類

戈　古代長兵器。起源於石器時代，盛於春秋戰國時期。我國古代戈與干常連用，故又稱干戈。後「動干戈」成爲一切軍事行動的代名詞。戈在東漢時被鐵戟取代，戈作爲實戰兵器已不在戰場上使用。後多作儀仗及明器用。戈多爲青銅製，安裝有柲柄及鐏。戈由三部分組成：一爲援，即平出之刃，用以鉤啄敵人；二爲胡，即援之直下部分，有孔，可用繩穿縛於柄上；三爲內，即援後之短柄，中點也有孔，以繩貫縛於柄上。《考工記》載：「戈廣二寸，內倍之，胡三之，援四之。」即寬處爲周尺二寸，內長四寸，胡長六寸，援長八寸（圖12-1）。

戈的主要用法爲橫擊、鉤援。下面介紹幾種戈的品種：

（1）**長戈**：戈身長者（圖12-2）。金·趙秉文《廬州城下詩》：「利鏃穿吳甲，長戈斷楚纓。」

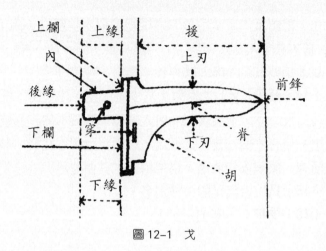

圖 12-1　戈

（2）**長柄雙戈**：盛於春秋戰國時期。有兩個銅戈頭，上有小孔，以麻線縛牢於木柄上。若有三個銅戈頭，則稱「長柄三戈」。

（3）**竹瓦街銅戈**：1959年在四川省彭縣竹瓦街出土，屬殷代銅戈，現存於四川省博物館。

（4）**冶氏戈**：戈的一種製式。《周禮》：「冶氏戈，廣二寸，內倍之，胡三之，援四之。」

（5）**吳戈**：戈的一種。《楚辭》：「操吳戈兮被犀甲，車錯轂兮短兵接。」

（6）**芮戈**：一種短於戟的戈。《經籍纂詁》：「芮，短也；戈短於戟，故曰芮戈。」

（7）**雞鳴**：戈的一種。《周禮‧考工記》鄭玄注：「戈，今勾子戟也，或謂之雞鳴，或謂之擁頸。」

（8）**夏雕戈**：古代名戈。《洞天‧情錄》：「余嘗見夏雕戈，子銅上相嵌以金，其細如髮。」

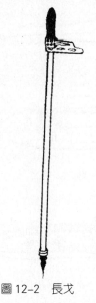

圖 12-2　長戈

圖 12-3　銅戈

（9）秦戈：戈的一種。鮑照《扶風歌》：「寢臥握素戈，棲息搶越箭。」

（10）鐵戈：戈的一種。《吳志・賀齊傳》：「齊陰募輕捷士，為作鐵戈。」

（11）銅戈：古代罕見長兵器。1957～1958 年在陝西扶風地區先後發掘出兩件。據考證，為商周時期的兵器，屬戈類。由齒形器和木棒組成。上部齒形器長 24 公分，最寬處為 8 公分，銎徑為 4.2×2.8 公分，刃部呈三齒形，背部有 2 個桃形銎，銎上孔對穿，用來固定木柄。木柄長度約和古戈相同。在古代「我」字本義是武器，故又名「銅我」（圖 12-3）。

（12）雕戈：指刻有鏤文之戈。《國語・晉語》：「晉惠公令韓簡挑戰，穆公衡雕戈出見使者曰：「寡人將身

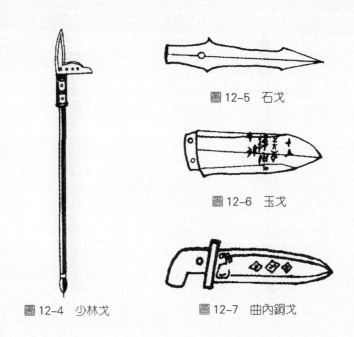

圖 12-5　石戈

圖 12-6　玉戈

圖 12-4　少林戈　　　　　　圖 12-7　曲內銅戈

見。」

（13）錟戈：（tángē）戈的一種。《史記・蘇秦傳》：「強弩在前，錟戈在後。」

（14）下辛角銅戈：戈的一種。1963 年 5 月，在山西省永和縣西南下辛角村出土。銅戈有直內、曲內二種。

（15）寢戈：周戈，防身自衛之用。《左傳・魯襄公二十八年》：「癸言王何而反之，二人皆嬖，使執寢戈而失後之。」《註》：「寢戈，親近兵杖。」又稱「枕戈」。

（16）少林戈：雙枝為戟，獨枝為戈。戈柄長七尺，直刃長八寸、橫刃長六寸，寬二寸（圖 12-4）。宋代伏虎禪師，元代子安，明代周福、普便、清代清倫、清蓮、真珠、海梁等人精此械。

（17）石戈：為新石器時代器械之一（圖 12-5）。

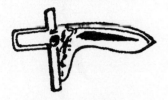

圖 12-8　西周青銅戈

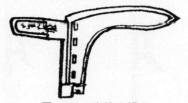

圖 12-9　秦代青銅戈

（18）**玉戈**：也稱「朱書玉戈」，為商代兵械之一（圖 12-6）。

（19）**曲內銅戈**：商代兵械之一（圖 12-7）。

（20）**青銅戈**：西周時代和秦代均有此械。西周青銅戈（圖 12-8），秦代青銅戈（圖 12-9）。

第十三節　戟類

戟　武術器械。古代兵器。係戈與殳演變而成。戟最早出現於商代早期（約公元前 16 世紀至 13 世紀）。初以銅製，戰國末年始以鐵製。戟是古代車戰中的重要兵器，盛行於西漢魏晉時期。《三國志·吳志》：「孫權乘馬射虎，投以雙戟。」晉以後，使戟之風漸衰。至唐代已廢而不用於軍中，僅供儀仗擺設。《宋史·輿服志》記之甚詳。作為武術器械的戟，按其式樣和大小分為方天畫戟、青龍戟、鉤鐮戟等長兵器，以及雙戟、短戟等。其式樣和長短雖各有所不同，但都由鋒、援、胡、內、鐏五個部分組成。《釋名·釋兵》：「戟有三鋒兩刃，內長四寸半，胡長六寸，其援長七寸半，三鋒者，胡直中短，言正方也，刺者著截，直前如截者也。戟胡橫貫之，胡中矩之外勾磐拆，與柲長一丈六

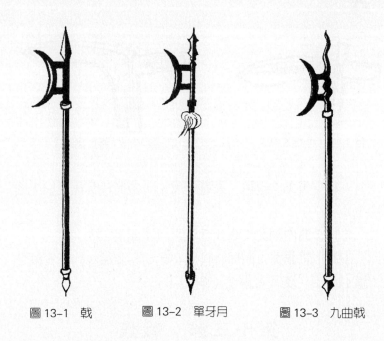

圖 13-1　戟　　　　圖 13-2　單牙月　　　　圖 13-3　九曲戟

尺。」《周禮·考工記》:「戟,廣有半寸,內二之,胡四
之,援五之。倨句中矩,與刺重三鋝。」戟用援之法有沖
鏟、回斫、橫刺、下劈刺、斜勒等;用胡之法有橫砍、截割
等;用內之法有反別、平鉤、釘壁、翻刺等,用鋒之法有通
擊、挑擊、直劈等。單練套路有「方天戟」,對練套路有
「方天戟對大刀」等。戟的通用式樣如圖 13-1。

　　戟的組成部位名稱有:戟鋒指戟的尖端或刃口銳利之
處。戟鋥即戟鋒。戟援指戟的直刃部分。戟胡指戟之兵刃曲
而旁出部分,《周禮·考工記》「戟」注:「刺者,著截直
前如鐏者也,戟胡橫貫之。」戟內指戟餘刃接柄部分。戟柲
指戟柄。下面介紹幾種戟的種類:

　　(1)**單牙月**:是戟和鉤的組成。長戟中有兩個左右對

圖13-4　小戟

圖13-5　短戟

稱月牙的稱為「方天戟」。單月牙的又叫「青龍戟」（圖13-2）。

（2）九曲戟：戟頭彎曲，有一月牙，戟上可懸彩色綢帶（圖13-3）。

（3）小戟：《唐書‧仗衛志》：「黃麾仗左右廂各十三部，十二行。第一行長戟，第二行儀鍠，第三行大槊，第四行小戟、刀、楯，第五行短戟。」圖13-4、圖13-5。

（4）門戟：裝飾陳列用。《宋史‧輿服志》：「門戟木為之而無刃，門設架而列之，謂之棨戟。」

（5）女戟：戟的一種。《戰國策》：「秦舉安邑而塞女戟。」

（6）三刃枝：戟的一種。漢‧揚雄《方言》：「三刃枝，南楚，宛郢謂之匽戟。」亦稱雄戟。

（7）三戈戟：為戰國時的兵器。三戈戟頭部由兩隻戈和一隻戈組成。頂部為戟，下部為二戈。其胡的朝向一致。

（8）三鋒戟：戟的一種。《周禮·考工記》注：「戟，今三鋒戟也。」

（9）大將軍：戟的別名。語出東晉：葛洪《抱朴子》。

（10）手戟：戟的一種。《釋名》：「手戟，手所持摘之戟也。」

（11）長戟：戟的一種。《漢書·晁錯傳》：「勁弩長戟，匈奴之弓弗觸格。」

（12）東戟：戟的一種。長一丈六尺，供車戰用。《釋名》：「車戟曰常，長丈六尺，車上所持也。」

（13）方天戟：長戟的一種。戟頭有左右兩個對稱的月牙（圖 13-6）。

（14）鳳戟：戟的一種。唐太宗《司馬彪續漢志詩》：「鳳戟翼唐衙，鑾衡總矛鬌。」

（15）龍戟：戟的一種。溫庭筠《走馬樓三更曲》：「馬過平橋通畫堂，虎幡龍戟風飄揚。」

（16）龍頭竿戟：戟的一種。用於儀設。《宋史·儀衛志》：「止幡，傳教信幡名人，龍頭戟各五十。」

（17）白玉戟：戟的一種。《宋書·符瑞志》：「大名四年，徐州刺史劉道隆，於決水得白玉戟以獻。」

圖 13-6　方天戟

（18）**西庵銅鉤戟**：戟的一種。是山東膠縣城西南的西庵墓地中出土的「卜」字形銅鉤戟，屬商周時代的一種較新式的戟。

（19）**竹瓦街銅戟**：戟的一種。1959 年在四川省彭縣竹瓦街出土，屬周代銅戟。現存於四川省博物館。這種戟把橫刃和直刺兩部分別鑄造，鑄成後再用木柄接裝而成。

（20）**戲戟**：有旗的戟。《漢書·匈奴傳》：「贈安車鼓車各一，黃金千斤，雜繒（zēng）千匹，戲戟十。」唐·顏師古注：「戲戟，有旗之戟也。」

（21）**桀（jié）**：①戟的別名。漢·揚雄《方言》卷九：「戟，楚謂之桀。」②指無刃之戟。《方言》又曰：「凡戟而無刃，秦晉之間謂之桀。」③指矛。《方言》又曰：「矛，謂之矛桀。」

（22）**油戟**：戟的別名。指為儀仗所用的一種穿戟衣之戟。晉·崔豹《古今注》：「殳，前驅之器也，以木為之。後世滋偽，無復典型，以赤油韜之，亦謂之油戟，亦謂之匽戟。」

（23）**畫戟**：戟的一種。具有彩飾的戟。大多用作儀設。《東京夢華錄》：「駕行儀為次第，高旗，大扇，畫戟，長矛，五色介胄。」

（24）**方天畫戟**：戟的一種，戟頭長一尺六寸，從戟頭側出一個月牙。全長七尺四寸，其中柄長五尺八寸。

（25）**青龍戟**：戟頭一側有月牙，戟上懸有彩色綢帶，戟柄長有青龍花紋（圖 13-7）。其主要用法有剁、刺、探、片、壓、帶、勾、攔、鑽、掛等。

（26）**典韋戟**：短戟的一種。戟頭有兩個月牙，中間似

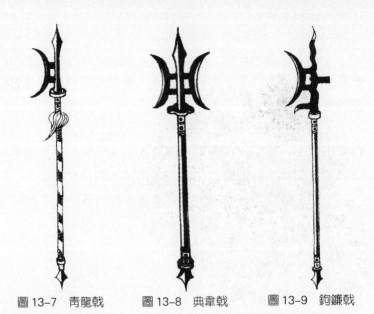

圖 13-7　青龍戟　　　圖 13-8　典韋戟　　　　圖 13-9　鉤鐮戟

槍頭，戟柄長約五尺（圖 13-8）。

（27）金銅戟；戟的一種。黃庭堅《跋李伯時所藏篆戟文》：「龍眼道人於市處，得金銅戟，漢製也。」

（28）鉤釨：（gōu jué）戟的別名。漢·揚雄《方言》卷九：「凡戟，其曲者謂鉤釨鏝胡。」

（29）句戟：戟的一種。亦作鉤，鉤戟《史記·秦始皇本記》引賈誼《過秦論》：「鉏憂（chùyōu）棘矜（jīn），非銛（tán），于句戟長鎩（shā）也。」

（30）鉤戟：戟的一種。亦稱「句戟」、「鉤戟」，南朝宋·裴駰《集解》：「鉤戟如矛，刃下有鐵，橫上方鉤曲也。」

（31）鉤鐮戟：戟的一種。戟頭彎曲，並有一鉤一鐮，戟上懸有彩色綢帶（圖 13-9）。此器同時具有鉤、鐮、戟的作用，更有實戰價值。

（32）匽戟：（yǎnjǐ）戟的別名。亦名雄戟。漢‧揚雄《方言》卷九：「三刃枝，南楚，宛郢謂之匽戟。」郭璞注：「（三叉枝）令戟中有小子刺者，所謂雄戟也。」《史記‧司馬相如傳‧子虛賦》：「曳明月之珠旗，建干將之雄戟。」

（33）鐵戟：戟的一種。《玉海》：「唐李齊物傳，天寶元年為陝州刺史，開底柱通槽路，發重石下得古鐵戟若鏵然，銘曰：『陸上之詔，以名具』。」

（34）棘：戟的異名。《左傳》隱十一年：「公孫閼與潁考叔爭車，潁考叔挾車以走，子都（閼字）拔棘以逐之」。

（35）戟刀：長五尺，戟尖長四寸，月牙長一尺。戟柄後有鑽。使用技法有砍、剁、刺、撩、掛、削、掃、攉、架等。載自於宋‧曾公亮《武經總要‧器圖》。

（36）越棘：春秋時越國所產之戟。有佳兵之稱。《禮記‧明堂位》鄭玄注：「越，國名也；棘，戟也。」

（37）宛鉅：古代宛地（今河南南陽）製作的戟。鉅，通「鋸」，即戟。《荀子‧議兵》：「宛鉅鐵䩨（shī），慘如矢薑（蜂蝎）。」

（38）雍狐戟：戟的一種。《管子》：「雍狐之山，發而出水金從之，蚩尤受而製之以為雍狐之戟、芮戈。」

（39）鏝胡：戟的別名。戟大者稱鏝胡。漢‧揚雄《方言》卷九：「戟，東齊、秦、晉之間謂其大者曰鏝胡。」

（40）觚：戟的一種。《說文》：「禮殳以積竹入觚長2尺，建於兵車。」

（41）短戟：長三尺半。其形與青龍戟相似，朝頭有一

月牙，下懸彩色綢帶。戟柄、戟頭都很短小。戟柄尾端有一三棱形的鐵鑽。〔見第（3）條與圖13-5同〕

（42）雄戟：古戟兵器之一。其戟側有斜刺，亦中小刺者，謂雄戟也。」《史記‧司馬相如傳‧子虛賦》：「曳明月之珠期，建干將之雄戟。」

（43）鏌釾：戟的別名。《說文解字》：「鏌（釾），大戟也。」又劍名。參見「戟」。

（44）平頭戟：係戈的一種。《玉篇》：「戈平頭戟，長六尺六寸。」

（45）句子戟：武術器，戈的一種。《周禮‧夏官司戈盾注》：「戈，今時句子戟。疏曰：鄭舉漢法，以況之漢時，見戈有旁出者為句子，名胡子。」

（46）句矛戟：武術器械。戈的一種。《釋名》：「戈，句矛戟也。」「戈，過也，所製則決，過所引則製之，弗得過也。」

（47）少林蛇尾戟：為少林派長械，全長七尺（圖13-10）。元代子安、明代普便、清代湛舉等精此械。

（48）少林苗金戟：全長八尺（圖13-11）。元代智聚、明代覺釧、清代真靈等精此械。

（49）金鈴大戟：戟的一種。《玉海》：「陶侃表奉獻金鈴大戟五十張。」

第十四節　槊類

槊（shuò）　硬木製成，分槊柄和槊頭兩部分。槊柄一般長六尺。槊頭呈圓錘狀，有的頭上裝有鐵釘若干。有的槊

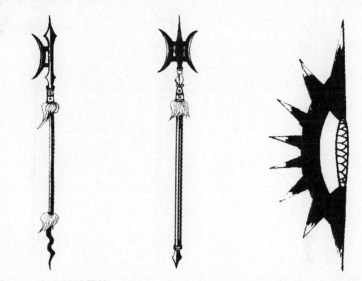

圖 13-10 少林蛇尾戟　圖 13-11 少林苗金戟　圖 14-1 護手槊

柄尾端裝有鐏。其主要技法有劈、蓋、截、攔、撩、沖、帶、挑等。以下介紹槊的種類：

（1）丈八槊：槊的一種。長一丈八尺，故名。傅元詩：「彎我繁弱弓，弄我丈八槊。」

（2）烏楯槊：槊的一種。古代兵器。《齊書‧魏虜傳》：「步軍皆烏楯槊，綴接以黑蛤蟆幡。」

（3）長槊：槊的一種。《趙雄韓蘄王碑》：「鐵胎之弓，悍馬長槊。」

（4）護手槊：長六尺。槊頭為半圓形，上面有八個鐵釘般長刺（圖 14-1）。

（5）護手狼牙槊：短槊的一種。長四尺，可單手握把。握把處有一月牙形護手刃。把柄裝有圓錐形尖刃。槊頭

圖14-2　護手狼牙槊　　　圖14-3　棗陽槊　　　圖14-4　禹王槊

為橢圓形，上面密排鐵釘（圖14-2）。

（6）棗槊：槊的一種。以棗木為柄製成。《宋史·呼延贊傳》：「雍熙四年，嘗陳圖，兵要反樹營砦之策，求領邊任臺見，令之作武藝，贊是裝執槊馳騎，揮鐵鞭棗槊，施繞庭中數四。」貫休《懷素草書歌》：「忽如鄂公喝住單雄信，泰王肩上剔著棗木槊。」

（7）棗陽槊：全長七尺。柄上六尺。槊頭為圓形如棗的鐵錘，上面密布六排鐵釘。柄尾有三棱形鐵鐏（圖14-3）。主要用法於槊相同。

（8）禹王槊：柄長六尺。粗可盈把。槊頭似魚，魚嘴鋒利，魚鱗如釘，魚尾似鑔。柄尾有一「人」字形鐵鐏（圖14-4）。

（9）混唐槊：槊的一種。柄長六尺，粗約一寸半。槊

圖 14-5　混唐槊

圖 14-6　掌槊

圖 14-7　狼牙槊

頭呈方錘形。柄尾裝有三棱形鐏（圖 14-5）。

（10）掌槊：槊的一種。柄長六尺，粗可盈把。槊頭為手掌形，故名（圖 14-6）。主要用法與槊相同。

（11）槃鐵槊：槊的一種。《宋史·兵志》：「焦獻槃鐵槊，重十五斤。令焦式之，馬上往復如飛。」

（12）狼牙槊：杆尾有鐏（圖 14-7）。

（13）少林長槊：全長七至八尺（圖 14-8）。明代覺訓，清代海潤、湛可精此器。

圖 14-8　少林長槊

第十五節　钂類

钂　武術長重器械。形似叉，中有利刃似槍尖，稱「正鋒」或「中叉鋒」，長一尺半；兩側分出兩股，彎曲向上呈月牙形。下接钂柄，柄長六至七尺，尾端裝有三棱鐵鐏。有半頭钂、鳳翅钂、五齒钂等。尚有日月鳳翅钂、四節钂等短器械，用法有拍、砸、拿、滑、壓、橫、挑、扎等，招式有扎捻、中平、騎龍、架上、闡下等勢。钂始於明代，逐漸由槍演變而成。至清代常見使用，現今使練者甚少。下面介紹钂的種類：

（1）九鳳钂：長約九尺，其中柄長七尺。钂頭長尺半，形似耙，有九個叉刺。钂柄尾端有一約半尺長的鐵鐏（圖15-1）。

（2）九曲钂：長約九尺。其中柄長七尺。钂頭長一尺半，分為三叉，每叉有三刺，其叉頭形似槍頭，呈扁平狀，兩側大叉向外平伸，每叉左右有一小叉呈弧形環抱。（圖15-2）

（3）九齒迎風钂：由钂頭、钂杆和钂鐏三部分組成。钂頭為方形鐵杆，長約尺餘，上有五刺或七刺不等。杆兩端月牙形彎曲而成鐵刺。刺尖與杆上所植之刺相向。杆側有套箍與钂杆相連。钂杆為堅韌之硬木所製，長為七尺。钂杆之下有金屬製鐏，鐏尖可插於地。九齒迎風钂重而難練，攻防皆宜。基本用法有劈、刺、掄、掛、架、擋、排、挎、雲、沖、挑、打、絞、戳等。

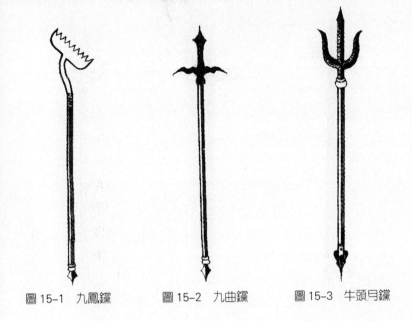

圖 15-1　九鳳鑱　　　圖 15-2　九曲鑱　　　圖 15-3　牛頭弓鑱

（4）五齒鑱：長八尺，其中柄長六尺半，硬木製成，粗為三寸半。其鑱長一尺二寸，中部為突出之鐵槍，呈扁棱狀。下部有4隻鐵刺，由下向上朝外突出，刺頭尖銳。柄尾三寸長鐵鐏。為清代綠營軍所用。

（5）牛頭木鑱：長六尺半。木製。鑱頭長一尺五寸，呈月牙形，月牙尖向上。月牙中間有一突出的扁平棱形槍尖，長約一尺。槍刺與鑱頭月牙尖中部各有一突出的木塊，斜向槍刺，鑱頭寬三寸厚二寸，鑱柄長五尺，粗一寸半。主要用法如鑱，並兼以槍法。

（6）牛頭月鑱：又稱「牛頭鑱」。其鑱頭形似三股叉。鐵製。當中有利刃，狀如劍尖。刃下橫有兩翅，彎曲如牛角，相距約一尺二寸。翅為棱形，四面削直，以求鋒利。鑱柄為粗木製成，長約六尺（圖15-3）。牛頭月鑱能攻能

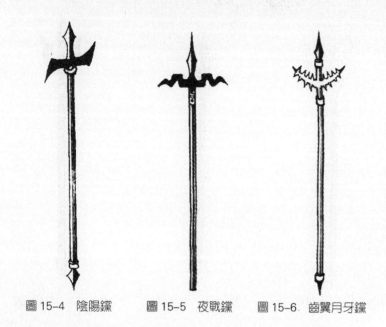

圖 15-4　陰陽鑲　　圖 15-5　夜戰鑲　　圖 15-6　齒翼月牙鑲

守，尤善破槍。主要用法有支、捕、折、翻、撈等。

（7）陰陽鑲：長九尺，其中柄長七尺，鑲頭長一尺五寸，柄尾鐵鐏長半尺。鑲頭分為三叉，中叉形如槍頭。兩翼叉一個向上，一個向下，為陰陽分向。叉頭呈尖形，兩面開刃，鋒利無比（圖15-4）。用法與鑲相同。

（8）夜戰鑲：長八尺五寸，其中柄長七尺。鑲頭分為三叉，中叉形似槍頭，兩翼叉曲向左右兩側平伸，尖端鋒利。鑲頭鍍黑色，適用於夜間作戰（圖15-5）。

（9）齒翼月牙鑲：鐵製。鑲頭有尖，長一尺，左右分出兩股，各長八寸，狀如月牙，上面植入各十六個小刺，每個小刺長五分（圖15-6）。用法有刺、攔、掛、扎、鋸、架、蓋、挑等。

（10）金翅鑲：其形似叉，正鋒旁有刃。

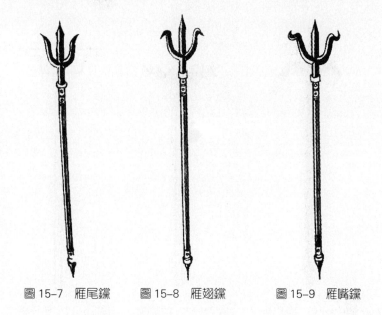

圖 15-7　雁尾钂　　　圖 15-8　雁翅钂　　　　圖 15-9　雁嘴钂

（11）荷葉钂：正鋒長一尺五寸，圈口一尺六寸，柄長四尺二寸，鐏長一尺二寸。

（12）雁尾钂：長九尺，其中柄長七尺，重十斤。柄尾鐵鐏長五寸。钂頭分為三叉。其兩翼叉形似雁尾，故名（圖15-7）。

（13）雁翅钂：長九尺，其中柄長七尺，柄尾有五寸長三棱鐵鐏。钂頭分為三叉，中叉形似槍頭，兩翼叉形似雁翅，故名（圖15-8）。用法與钂相同。

（14）雁嘴钂：長九尺，其中柄長七尺，柄尾鐵鐏長五寸。钂頭分為三叉，中叉形似劍狀，兩翼形似雁嘴，每叉兩面有刃（圖15-9）。主要用法有支、捕、折、翻、勾、捅、撈、撩八法，尤以捅、勾為甚。

（15）雷震钂：長八尺五寸，其中柄長七尺。钂頭分三

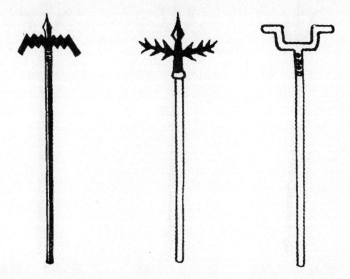

圖 15-10　雷震鏜　　　　圖 15-11　鎦金鏜　　　　圖 15-12　燕子鏜

叉，中叉形如槍頭，兩翼叉曲折彎向鏜柄（圖 15-10）。

（16）**鎦金鏜**：其柄長七尺，鏜頭分為三叉，正鋒形如槍頭，兩翼各有四對小叉，鋒利無比，鏜頭鎦金，故名（圖 15-11）。用法與鏜相同。

（17）**燕子鏜**：鏜頭長一尺，柄長七尺。鏜頭為兩叉，形似燕子之尾，成「凹」字形。兩叉各寬二寸，兩面有刃（圖 15-12）。用法與鏜相同。

（18）**少林元寶鐵鏜**：全長七尺二寸（圖 15-13）。清代真珠和尚精此械。

（19）**少林雁翅鏜**：全長八尺（圖 15-14）。明代玄敬高僧精此械。

（20）**少林龍鬚鏜**：全長七尺五寸，杆子五尺三寸，頭長二尺二寸（圖 15-15）。元代智安、智聚，明代普便、祖

圖 15-13
少林元寶鐵鏜

圖 15-14
少林雁翅鏜

圖 15-15
少林龍鬚鏜

欽，清代清倫、真珠、湛舉、寂聚、寂
袍、寂亭、寂經等精此械。

（21）月牙鏜（圖 15-16）。

（22）鳳翅鎦金鏜（圖 15-17）。

（23）鋸翅鏜（圖 15-18）。

（24）金牛鏜（圖 15-19）。

（25）鳳翅鏜（圖 15-20）。

（26）牛頭鏜（圖 15-21）。

（27）曲形燕子鏜（圖 15-22）。

圖 15-16　月牙鏜

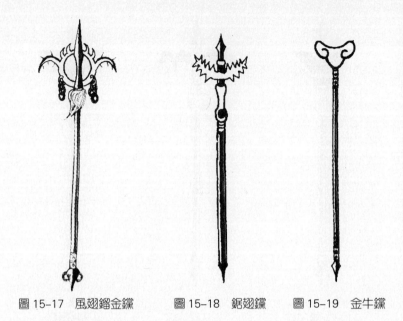

圖 15-17　風翅鎦金鐺　　圖 15-18　鋸翅鐺　　圖 15-19　金牛鐺

圖 15-20　鳳翅鐺　　圖 15-21　牛頭鐺　　圖 15-22　曲形燕子鐺

第十六節 撾（抓）類

撾（也稱爲「抓」）是古代的兵械之一，有長械、短械、軟械三種之分。長械之撾杆長約六尺，撾頭形似人手，中指伸直，其餘四指屈握，稱之爲「金龍抓」。還有一種形似人手屈握成拳，掌中握一鐵筆，筆之尖、尾均露出拳外。或僅以拇指、無名指和小指握筆，中、食指併攏伸直，名曰「筆撾」，又名「判官筆」。另有筆硯抓，虎爪雙抓，其他鷹爪飛抓和閉雁飛抓（歸軟兵類再作介紹）。

古代戰場上用的撾頗長大，撾手對徑約一尺，鐵筆兩端各露六寸左右，柄長約九尺餘。武術器械中的撾較小，撾頭對徑約六寸，柄長約六尺。

撾的使用方法融有長矛、大斧等長柄重械的技法。撾頭似斧腦可宕擊，撾筆似斧刃可用斧之劈撩之法，伸直之撾指則如矛尖，用以戳扎，撾柄似矛，杆可撥可撩。下面有幾種長撾，供大家參考。

（1）筆撾（圖16-1）。

（2）筆硯抓（圖16-2）。

（3）金龍抓（圖16-3）。

（4）少林鷹爪：全長五尺四寸，爪長四寸五分（圖16-4）。明代普便高僧精此械。

（5）棗韋燕爪：長約八尺。形如手

圖16-1 筆撾

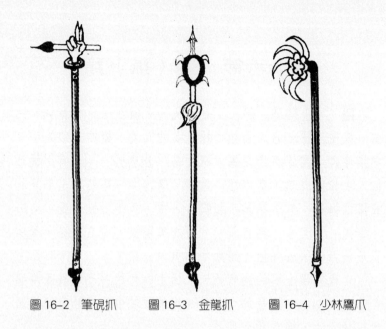

圖 16-2　筆硯抓　　　圖 16-3　金龍抓　　　圖 16-4　少林鷹爪

握筆之狀。其中中指、食指伸直，筆尖與食指、中指指尖均鋒利。掌爪下有一長杆木柄（圖16-5）。

（6）朝天爪：形如手掌，其中無名指、中指、小指彎曲，食指伸直，拇指彎向中指、食指，拇指指尖鋒利，爪下柄長七尺（圖16-6）。

第十七節　鐮類

鐮　乃是一種形如鐮刀的砍殺器械。鐮刀，古謂之刈鉤，原屬農具。由農具衍化成武術器械是很晚的事。至清代鐮的使用才較爲廣泛。清代八旗和綠營都裝備鐮，並作爲近戰的主要兵器之一。

鐮的形狀有好多種。清代八旗、綠營中的鐮和農用的鐮

圖16-5 秦韋燕爪 圖16-6 朝天爪 圖17-1 雁鐮 圖17-2 手鐮

刀相似，柄長一尺至一尺三寸。單手操持。另有雁鐮，爲器械，杆長約五六尺，杆端有兩鐵鉤分向左右，下端有鑽，屬長柄類器械。此外還有雞爪鐮、草鐮、魚鐮、手鐮等。其中以雞爪鐮較爲流行。

　　雞爪鐮形似雞爪而得名，俗稱「截爪鐮」。它是一種短柄雙鐮，柄長約三尺，柄端有一大一小呈弧形的鐵鉤，分向左右。大鉤長約一尺二寸，小鉤長約八寸，柄下有鑽。雞爪鐮帶尖、帶刺、帶鉤、帶刃，演練的套路較爲精奇，風格獨特，樸實無華。往來演練一般在一條直線上進行，演練的方法很多，實用性較強。下面介紹幾種鐮的種類。

（1）雁鐮（圖17-1）。

（2）手鐮（圖17-2）。

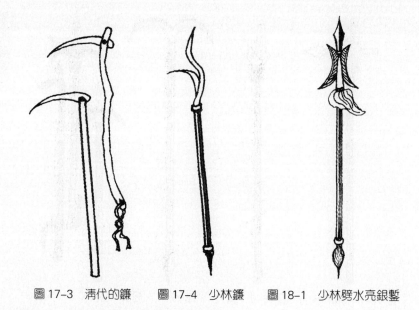

圖 17-3　清代的鐮　　圖 17-4　少林鐮　　圖 18-1　少林劈水亮銀鏨

（3）清代的鐮（圖 17-3）。

（4）少林鐮：鐮有草鐮和槍鐮，全長七尺一寸三分，杆長五尺，頭長二尺一寸三分（圖 17-4）。明代悟雷、洪榮、廣順，清代清倫、清真、靜樂貞俊、恆林等僧精此器也。

第十八節　鏨類

鏨　民間武術長兵械之一。自唐代後傳入少林寺，爲少林派護寺御敵的重要長械。其形狀怪異，殺傷力很強。下面介紹兩種不同的鏨。

（1）少林劈水亮銀鏨：全長七尺（圖 18-1）。元代智

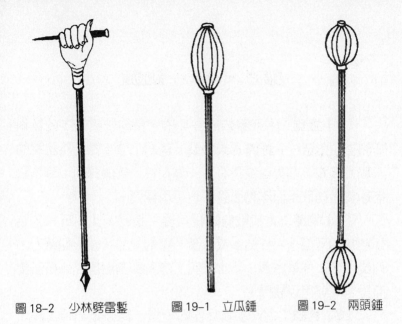

圖18-2 少林劈雷鏨　　圖19-1 立瓜鎚　　圖19-2 兩頭鎚

安，明代月嶺，清代真珠等精此器也。

（2）**少林劈雷鏨**：杆長五尺三寸，拳頭長七寸三分，鏨長七寸五分（圖18-2）。明代了真，清代靜雲、靜修、真靈、如淨精此兵器也。

第十九節　鎚類

（1）**立瓜鎚**：柄長七尺，一端為鎚，鎚為橢圓形，如豎立之瓜，故名（圖19-1）。主要擊法有涮、曳、掛、砸、擂、沖、雲、蓋等。

（2）**兩頭鎚**：柄長六尺，兩端各有一鎚。鎚呈圓瓜形（圖19-2）。主要擊法有涮、曳、掛、砸、擂、沖、雲、蓋等。

第二十節　鉤類

（1）**撩鉤**：古代戰船的長兵器。長約一丈五，分為鉤杆和撩頭兩部分。杆為木或竹製。粗約二寸。撩頭為鐵製的三隻大倒鉤。其中兩隻在右，一隻在左，鉤頭鋒利。專為鉤搭船隻和撈取水面浮物而設。也可用械鬥。

（2）**鉤鐮**：古代戰船的長兵器。長約一丈四尺，分為杆和鐮頭兩部分。杆為木或竹製，粗約二寸，頭形如鐮刀，刀尖內彎，外厚內薄，非常鋒利。專為鉤割船纜和鉤搭船隻而設。亦可用以戰鬥。

（3）**鉤強**：古代水戰兵器的一種。鉤強是一種戈和矛有機結合而成的兵器，能鉤又能刺。《墨子・魯向》載：「自魯南遊楚焉，始為舟戰之器，作為鉤強之奮，違者鉤之，進者強之。」

第三章　短兵械種類

第一節　刀類

短刀　刀的一種。短刀的刀身相對長於刀柄（刀把），刀柄只可一手或兩隻手執之。單刃有單刀和雙刀之分。單刀有　斬馬刀、柳葉刀、朴刀、雁翎刀、大環刀、虎牙刀等。單刀一般爲單使，也有與其他兵器一起使用的。如單刀夾拐、單刀夾鞭，單刀碟、刀牌等。單刀一般式樣較大，重量也大。雙刀爲二刀併用，其式樣和重量都較單刀爲小。雙刀有鴛鴦刀、蝴蝶刀等。刀的各部位名稱和刀鞘（圖20-1、圖20-2），下面將短刀介紹如下：

（1）**九環刀**：大環刀的一種。爲步戰所用。形狀與一般刀相同，惟其刀身厚，刀背上穿有九個鐵環，刀尖部平，不朝前

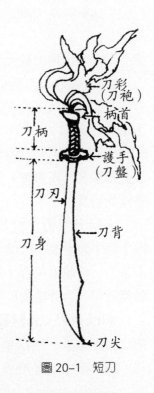

圖20-1　短刀

圖 20-2　刀鞘　　　　　　　　圖 20-3　九環刀

突，刀柄略細彎度較大，柄後有刀環（圖 20-3）。

（2）大砍刀：為步戰所用。與一般手刀相同，惟其刀背厚，刀刃鋒利，刀尖部平，不朝前突出，刀柄直，柄後有刀環（圖 20-4）。

（3）大橫刀：唐代短刀的一種。多為帝王所賜，佩者以此為榮。《新唐書·五及善傳》：「爾佩大橫刀在朕側，亦知此官貴乎。」

（4）千牛刀：利刀的別稱。《莊子·養生主》中記載，庖丁宰牛數千頭，所用刀仍鋒利無比。故後世稱鋒利的刀為千牛刀。南朝梁元帝《金樓子·一·箴戒》：「時楊玉夫見昱醉無所知，乃與楊萬年同入幄中，以千年刀斬之。」

（5）馬刀：為騎戰所用之短兵器。馬刀身狹，略帶彎曲。刀把也長。可兩手同時握把。馬刀一般較輕，鋒利無比，威力較大（圖 20-5）。

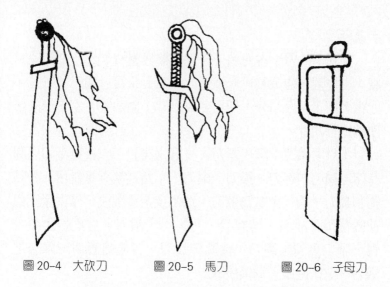

圖 20-4　大砍刀　　　圖 20-5　馬刀　　　圖 20-6　子母刀

（6）子母刀：刀身很短，刀柄處有一護手刀，稱為子刀。母刀刀背筆直，刀身寬。子刀細小繞柄半圈，且有一刀尖（圖 20-6）。

（7）雲頭刀：刀身近柄處小，刀刃彎曲向前至頂端，繼續彎向刀背，刀頭呈圓形，形似雲頭，故得此名（圖 20-7）。

（8）手刀：古刀名。宋・曾公亮《武經總要前集・卷十三・器圖》有「刀八色」。手刀即其中一種。《三才圖會》：「手刀一旁刃，柄短如劍。」後演變成現今短刀。

（9）雙手單刀：刀身細長，刀尖鋒利，與苗刀相似，刀柄直而長，可雙

圖 20-7　雲頭刀

手執柄。

（10）片刀：古刀名。《大清會典圖‧六十五‧武備圖》載：「片刀，通長七尺一寸二分，刃長二尺，闊一寸三分。上銳而仰，鋌厚二分，柄長四尺七寸，圍四寸。木質銅朱，末鐵鐏長四寸。」

（11）儀刀：唐代軍刀。《唐六典》：「武庫令刀之制有四：儀刀、鄣刀、橫刀、陌刀。」始為禁衛軍使用，晉時稱為御刀，隋代定名為儀刀，以木或金銀製成，僅供帝王儀仗隊使用，故名。《制兵‧刀》：「儀刀，古班劍之類。晉、宋以來謂之御刀；後魏曰長刀，皆施龍鳳環。隋謂之儀刀，裝以金銀，羽儀所執。」

（12）少林魚頭刀：全長三尺，形似魚頭樣，是歷代武士和僧徒練武防身之器（圖20-8）。

（13）連環刀：刀身寬大，刀背帶環，環的數量不一，刀尖突出，鋒利異常。護手圓盤形，緊裹刀身，刀柄稍彎，並繫刀彩。其刀可砍可劈，可撩可扎，使用起來虎虎生風，鈴鈴有聲（圖20-9）。

（14）護手狼牙刀：其刀背形如狼牙且刀背直而不曲。刀柄處有一月牙形彎刀護手。其主要用法有劈、扎、撩、絞、格、攔、推、架等（圖20-10）。

（15）戒刀：僧人佩刀。只供中國古代僧人出行時割切三衣（袈裟）用，不得用以殺生，故稱戒刀（圖20-11）。

（16）拍髀：因佩帶時拍髀旁，故名。《釋名‧釋兵》：「短刀曰拍髀，帶時拍髀旁也。」

（17）直背刀：其刀背筆直，刀刃彎向刀背，刀尖突出，刀刃鋒利，刀柄略彎。其用法與一般短刀相似。

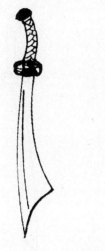

圖 20-8　少林魚頭刀

圖 20-9　連環刀

圖 20-10　護手狼牙刀

圖 20-11　戒刀

（18）服刀：多隨身配帶。《漢書・九六上・西域傳・婼
羌》：「山有鐵，自作兵，兵有弓、矛、服刀、劍、甲。」

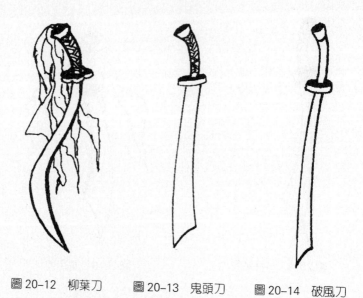

圖 20-12 柳葉刀　　圖 20-13 鬼頭刀　　圖 20-14 破風刀

（19）佩刀：多佩帶於腰間。《釋名・釋兵》：「佩刀，在佩旁之刀也。」

（20）柳葉刀：其刀身形似柳葉，故名（圖 20-12）。

（21）削：屬於書刀。指一種長刃有柄的小刀，為青銅或鐵製成，用來修削木簡或竹簡上的文字。流行於東周和秦漢時。《考工記・築氏》：「築氏為刂，長尺，博寸。」

（22）鬼頭刀：刀身寬，刀背略彎，刀尖突出，刀柄彎曲（圖 20-13）。

（23）鉤刀：其式樣與一般刀同，惟其刀尖上翹而成倒鉤狀。《齊東野語》：「令二壯士執鉤刀，夜伏田中。」

（24）破風刀：刀身小，刀尖突出，刀刃鋒利，刀背薄，刀柄彎曲（圖 20-14）。

（25）麻札刀：《宋史・岳飛傳》：「飛戒步卒，以麻

札刀入陣，斫馬足，遂大敗之。」

（26）掇刀：《唐書・南蠻傳》：「以千人為軍，十軍為部，強弩二首，槍斧輔之，勁馬二百，越糧刀輔之。長戈二百，掇刀輔之。」

（27）割刀：《禮記》：「割刀之用，鸞刀之貴，貴其義也。」《正義》曰：「割刀今之刀，鸞刀，古之刀也。今刀便利，可以為割物之用。古刀遲緩，用之為難，宗廟不用今之刀，而用古刀修古也。」

（28）溫銅刀：古代名刀。清代梁紹王《兩般秋雨追隨筆》載：「傳為明戎政尚書陸公完字遺物，恩陵賜也。」

（29）猨刀：（yuán dāo）古代刀的一種。「猨」通「猿」。《隋書・禮儀志》：「行各二人，執金花師於楯，猨刀。」

（30）雁翅刀：古代兵器。步戰用刀。又名金背大環刀。其刀背厚，刀頭寬大，刀體重。刀背上有五至九個小孔，孔內有空穿銅環一枚。揮動時，環擊刀背，連連作響，聲似雁鳴（圖20-15）。《玉海》：「乾道元道十一月二日，命軍器所造雁翎刀，以三千柄為一料。」

圖20-15　雁翅刀

（31）腰刀：刀長約三尺，刀身狹，柄短。明・茅元儀《武備志・軍資乘・器械》：「腰刀造法，鐵要多煉，用純鋼自背起用平鑢平削至刃，刃芒平磨無肩，乃利秒尤在

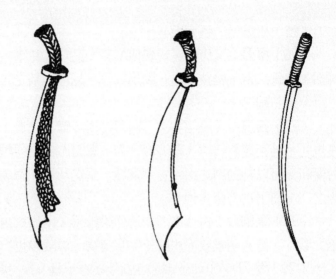

圖20-16　少林龍鱗寶刀　　圖20-17　少林滾珠寶刀　　圖20-18　苗刀

尖。」腰刀多與藤牌併用，故共稱「腰刀藤牌」。

（32）**二刀**：指雌雄兩把古代名刀。《古今刀劍錄》：
「後燕慕容垂以建興元年，造二刀長七尺，一雄一雌，若別
處之則鳴。」

（33）**二人奪**：刀鞘形似手杖，中藏利刀。合之為杖，
二人分奪時，則刀離鞘可作防身之用。

（34）**少林龍鱗寶刀**：全長三尺五寸，為歷代武林名士
防身之刀。普淨僧尼備此刀，明四海雲遊除反徒用此刀（圖
20-16）。

（35）**少林滾珠寶刀**：全長三尺三寸，為歷代名士防身
之用。明代廣會高僧備此刀，精此術也（圖20-17）。

（36）**白楊刀**：短刀的一種。左延年《秦女休行》：
「休年十四五，為宋行報仇，左執白楊刀，右據宛魯

矛。」

（37）大食刀：古代阿拉伯所造之刀。杜甫《荊南兵馬使太常卿趙公大食刀歌》曰：「吁嗟光祿英雄弭，大食寶刀聊可比。」

（38）大理刀：少數民族兵器。有謂：「蠻刀以大理所出最佳……今世所謂吹毛透風乃大理刀之類。」大理刀有鐔鞘，柄部飾金，極名貴。

（39）雲南刀：少數民族兵器。短刀的一種。梁・陶弘景《古今刀劍錄》：「雲南刀，即大理所作，鐵青黑沉沉不錎，南大最貴之，以象皮為鞘，朱之上，亦書犀毗花紋，一鞘兩室，各函一刀，靶以皮條纏束，貴人以金銀絲。」

（40）壯族尖刀：少數民族兵器。短刀的一種。刀身長一尺二寸，刃向外曲凸，刀身最寬處為一寸二分。刀背一面有鋒，鋒與刃尖之間有三個凹形齒口。刃較為鋒利。鐵護手呈「S」形。柄以木製，長四寸半。銅製柄首呈棱形狀。

（41）阿昌刀：少數民族兵器。平時可彎曲而繫於腰間，取用時則自然挺直。質地精良，尤以刀鞘與刀把製作考究，有木製、皮製、銅製和銀製之不同，飾以精美的傳統民族圖案。

（42）苗刀：古代日本所製的佩刀。短刀的一種。後又稱之為倭刀。其大者又名太刀，小者名脅差。魚皮貼香木為鞘。刀身長而窄，兩面開刃，刀刃犀利，裝飾精美。故宋歐陽修有《日本刀歌》贊之。苗刀刀柄較長，為雙手執用，俾其鋒利，故刀法較為簡單，明代武術家程宗猷將其用法化入我國傳統刀術，著有《單刀法選》，使之廣為流行（圖20-18）。

（43）苗族尖刀：少數民族兵器。短刀的一種。刀刃長一尺二寸，刃向外曲凸。刀背隨刃而曲，兩側有兩條血槽及兩條波形指甲印花紋，刃異常犀利，柄長三寸至四寸，用兩片木料，牛角或獸骨夾製而成，以銷釘固定。苗家演練時常以笋笙伴奏。

（44）環刀：元代蒙古騎戰用刀，其刀刃身略彎，柄小而稍扁，較犀利。

（45）峒刀：少數民族兵器。梁‧陶弘景《古今刀劍錄》：「峒刀，西江州峒及諸外蠻，無不帶刀者，一鞘二刀，與雲南刀同，但以黑漆雜皮為鞘。」

（46）銛刀（xiān dāo）：古代婆羅門國用的短刀。《唐書‧禮樂志》：「睿宗時，婆羅門國獻人倒行以足舞，仰植銛刀，府身就鋒。」

（47）傣族刀：少數民族兵器。在生產工具短砍刀的基礎上，逐步發展成為長刀。這種刀極為鋒利，既是勞動工具，也是練功和自衛的武器。

（48）景頗尖刀：少數民族兵器。景頗刀歷來精細別致，種類亦多，長短不一。刀形有直、曲兩種，均有血槽。刃尖呈斜形，斜度各異。柄有木製、骨製、角製幾種。刀鞘為木質，工藝精美，有龍及其他花紋凹雕，鞘上繫有三道銅或銀箍。也有細竹篾編製的箍，鞘上繫有皮帶作背挎之用。

（49）傈僳族彎尖刀：少數民族兵器。短刀的一種。這種刀大小不等，刀刃近似直形，刃尖向背曲凹，刀鋒銳利。刀柄稍向背曲凸，以木製或角製而成。

（50）黎刀：少數民族兵器。短刀的一種。梁‧陶弘景

《古今刀劍錄》：「黎刀，海南黎山所製，刀長不過一二尺，靶長乃三四寸，織細藤纏束之。靶端插白角片尺許，如鴟鴞尾，以為飾。」

（51）藏刀：少數民族兵器。又稱「西番刀」。短刀的一種。是我國藏族人民隨身攜帶且須臾不離的防身器械。藏刀刀身短，刀尖銳利。刀鞘及刀把上多裝飾精美。技法上常利用寬大藏袍作掩護，或突擊闖刺，或轉腕變鋒，或逼身擒舉，使人防不勝防。常用招式有「犛牛闖陣」「雄鷹啄蹄」「騙馬蓋頂」「喇嘛祭刀」「舉羊勢」等，演練時，刀風嗖嗖，喊嚎慘人。

（52）彝族短體插刀：少數民族兵器。短刀的一種。多為彝族男性所用，平時將刀插於腰帶中。刀為曲刃短刀，有刀柄及鉛花銀製刀鞘。刃背向外曲凸，刃鋒居於內面，而刃尖稍向外再度曲凸，柄與刃均同一曲度。刀形精美優質，極為犀利尖銳。

（53）寶刀：鋒利鋼刀的泛稱。《南史·陳世祖傳》：「為臨川王，夢梁武帝以寶刀授己。」魏文帝《典論》：「丕造百辟寶刀，其一文似靈龜，名曰靈寶；其二彩丹霞，名曰含章；其三鋒似崩霜，刀身劍俠，名曰素質。」

（54）七聖刀：古代名刀。

（55）大夏龍雀：古代名刀。《晉書·赫連勃勃載記》：「又造百煉鋼刀，為龍雀大環，號曰『大夏龍雀』，銘其背曰：「古之利器，吳楚湛盧，大夏龍雀，名冠神都。可以懷遠，可以柔逼；如風靡草，威服九區。」世世珍之。」

（56）文刀：古代名刀。《唐書·地理表》：「忠州貢

文刀。」

（57）巨刀：刀的一種。《湘煙錄》：「魏文帝造寶刀曰露陌……查原文恐有誤，名曰巨力。」

（58）五色：古代名刀。梁・陶弘景《古今刀劍錄》載：「少帝義符以景平元年造一刀，銘曰『五色』。」

（59）中山：古代名刀。梁・陶弘景《古今刀劍錄》載：「後秦姚萇以建初元年造一刀，銘曰『中山』。」

（60）永安：古代名刀。梁・陶弘景《古今刀劍錄》載：「北京以永安三年，造刀一百口，銘曰『永安』。」

（61）半垂：古代名刀。《與弟超書》：「寶侍中遺仲舟全錯，半垂刀一枚。」

（62）龍刀：古代名刀。《梁・簡文帝》：「龍刀橫脖上，畫尺墮眾前。」

（63）龍泉太阿：古代名刀。《南史・王蘊傳》：「為廣德令，欲以將領自奮。每撫刀曰：龍泉太阿，汝知我者。」

（64）龍鱗：①古代名刀。魏文帝《典論》：「丕作陌露刀，一名龍鱗。」《續漢書》載：「龍鱗，御刀也。」②古代名匕首。《典論》：「魏太子丕造百辟匕首三。……其三狀似龍文，名曰龍鱗。」

（65）玉環刀；古代名刀。《南史・劉懷慰傳》：「齊高帝以懷慰為齊郡。太守手敕曰：『有文事必有武備，今賜卿玉環刀一口。』」

（66）玉把刀：古代名刀。《宋史・于闐國傳》：「開寶二年，國王男總貢玉把刀。」

（67）白鹿：古代名刀。梁・陶弘景《古今刀劍錄》：

「後魏宣武帝恪，以景明元年於白鹿山造一刀，文曰『白鹿』。」

（68）幼平：古代名刀。梁・陶弘景《古今刀劍錄》：「周幼平擊曹公勝，拜平虜將軍。因造一刀，銘背曰幼平。」

（69）司馬：古代名刀。梁・陶弘景《古今刀劍錄》：「晉武帝司馬炎咸寧元年造八千口刀，銘曰：司馬。」

（70）興國：古代名刀。梁・陶弘景《古今刀劍錄》：「晉武帝衍以咸和元年，造十三口刀，銘曰興國。」

（71）百勝刀：古代名刀。梁・陶弘景《古今刀劍錄》：「李以永建元年造珠碧刀一口，名曰百勝。」

（72）安國：古代名刀。梁・陶弘景《古今刀劍錄》：「黃武中累功作安國將軍，作一佩刀，文曰安國。」

（73）百煉：古代寶刀。晉・崔豹《古今注・上・輿服》：「吳大皇帝有寶刀三……一曰百煉，……」

（74）百辟刀：古代兵器。魏武帝曹操令製。《藝文類聚・六十・魏武帝令》：「往歲作百辟刀五枚，煉成，先以一與五官將（曹丕），其餘四，吾諸子中有不好武而好文學，將與次與之。」曹植《寶刀賦》：「『建安中，家父魏王命有司造寶刀五枚，以龍、虎、熊、鳥、雀為識。太子得一，餘及餘弟饒陽修各得一焉，其餘二枚，家父自仗之。』」

（75）回回刀：古代名刀。《雲煙過眼錄》：「劉漢卿所藏回回刀，小口，背上皆全紫全錯。回回刀內全錯出，一人面獸，精甚。聞回回國王所佩者。」

（76）安陵：古代名刀。高啟《游俠篇》：「新削安陵刀，光奪眾目眼。」

（77）犵黨：古代名刀。宋・朱輔《溪蠻叢笑》：「出入坐臥，必以刀自隨，小者尤銛利，名犵黨。」

（78）阮師刀：古代名刀。晉・楊泉《物理論》：「古有阮師之刀，天下之所寶貴也。……其刀平背狹刀，方口洪首，截輕微之絕然髮之繫，斫堅鋼無變動之異，世不百金精求不可得也。」

（79）赤刀：古代名刀。《尚書》：「陳寶赤刀大訓弘璧琬琰在西序。」鄭玄注：「赤刀者武王誅紂時刀，赤為飾，周之正色。」《博物志》：「赤刀，周之寶器。」

（80）赤冶刀：古代名刀。梁・陶弘景《古今刀劍錄》：「後魏昭成帝，以建國元年，於赤冶城鑄刺刀十口，全鏤赤冶宋。」

（81）吳刀：古代名刀。古時以吳地作刀最為鋒利，故張華詩贊曰：「吳刀鳴手中，利劍嚴秋霜。」

（82）含章：古代名刀。《典論》：「丕造百辟寶刀，……其二彩似丹霞，名曰含章。」

（83）靈寶：古代名刀。《典論》：「丕百辟寶刀，其一文似靈龜，名曰靈寶。」

（84）張飛刀：名刀的一種。三國時期張飛所佩的腰刀。又稱「新亭侯」。《刀劍錄》：「張飛初拜新亭侯，自命匠煉赤珠山鐵為一刀。銘曰：『新亭侯』。」

（85）定業：古代名刀。梁・陶弘景《古今刀劍錄》：「齊高帝蕭道成，以建元二年造一刀，銘曰定業。」

（86）定國：古代名刀。梁・陶弘景《古今刀劍錄》：「宋武帝劉裕，以永初元年鑄一刀，銘其背曰定國。」

（87）寶鈿刀：古代名刀。《唐史・阿史那社爾傳》：

「太宗美其廉，賜高昌寶鈿刀。」

（88）鄭刀：古代名刀。《周禮・考工記》：「鄭之刀，宋之斤，魯之削，吳越之劍，遷乎其地而弗能為良也。」

（89）青犢：古代名刀。《古今注・上・輿服》：「吳大皇帝有寶刀三，……二曰青犢……」

（90）斬馬刀：宋代有名的步戰用刀。從唐代陌刀演變而來。《玉梅》：「熙寧五年，作坊造斬馬刀，長三尺餘，鐔長尺餘，首為大環，上出以示蔡挺、挺奏，便於操擊，戰陣之利器也。五月庚辰，朔命置局造數萬口分賜邊臣。」

（91）鳴鴻刀：古代名刀。《洞宴記》：「武帝解鳴鴻之刀，以賜東方朔，刀長三尺，朔曰：『此刀黃帝採首山之銅，鑄之雄已飛去，雌者猶存，帝恐人得此刀，欲銷之，刀自手中化為鵲，赤色飛去雲中』。」

（92）昆吾刀：古代名刀。《宋史・李公麟傳》：「朝廷得玉璽，下禮官諸儒議言人人殊。公麟曰：『秦璽用藍田玉，今玉色正青，以龍蚓鳥魚為文，著帝王受命之符，玉質堅甚，非昆吾刀，蟾肪不可治，法中絕真，秦李斯所為不疑，議由是定』。」

（93）孟勞：古代名刀。《谷梁傳・魯僖公元年》：「公子友謂莒不回：『吾二人不相悅，士卒何罪？』屏左右相搏。公子友處下，左右回：『孟勞？』孟勞者，魯之寶刀也。公子友以殺之。」

（94）神刀：刀的一種。相傳為諸葛亮指揮下百煉而成。《蒲元傳》：「元性多奇思，於斜谷，為諸葛亮鑄刀三千口。刀成，自言漢水鈍弱，不在淬。用蜀江爽烈，足渭

大金之元精，天分其野。乃命人於成都取江水，元以淬刀，言雜涪水不可用。取水者捍言不雜。元以刀畫水，言雜八升。取水者叩頭云：於涪津覆水，遂以涪水八升益之。以竹筒內鐵珠滿，申舉刀斷之，應手虛落，因曰神刀。今屈目環者，乃是其遺範。」

（95）神術：古代名刀。梁・陶弘景《古今刀劍錄》：「前秦苻堅，以某露四年造一刀，用五千二，銘曰神術。」

（96）項羽刀：相傳為項羽所佩之刀。《王侯鯖》：「董卓少耕野得一刀，無文，四面隱起山雲文，斫玉如木。及貴，以視蔡邕，邕曰：此項羽刀。」

（97）泰山寶環刀：古代名刀。《列異傳》：「仙人王方平，降陳節之家，以刀一口，長五尺三寸，名泰山寶環，……曰：此刀不能為餘益，獨臥卦可使無鬼，入軍不傷，勿以入廁，溷且不宜，久服三年後有從汝求者，可急與之。後果有與載錢百萬清刀者。」

（98）建義：古代名刀。梁・陶弘景《古今刀劍錄》：「西泰乞伏國仁，以建義三年造一刀，銘名建義。」

（99）建平：古代名刀。梁・陶弘景《古今刀劍錄》：「後趙石勒以建平元年造一刀，用五百金，工用萬人，頭尖，長三尺六寸，銘曰『建平』，隸書。」

（100）素質：古代名刀。《北堂書鈔》魏文帝曹丕《典論》：「餘造百辟寶刀三，……其三，鋒似嚴霜，刀身劍俠，名曰素質。」《太平御覽・兵部・刀》：「（素質）長四尺三寸，重二斤九兩。」

（101）桂溪刀：古代名刀。黃庭堅：「我有桂溪刀，聊憑東風去。」

（102）宿鐵刀：古代名刀。《北史·綦母懷文傳》：「懷文造宿鐵刀，其法燒出鐵精，以重柔鋌，數宿則成。」

（103）鸞刀：古代名刀。《禮記》：「割刀之用，鸞刀之貴，反本修古，不忘其初也。」《詩經》：「執其鸞刀，以啟其毛，取其血䐃。」

（104）銅口刀：古代名刀。《傅成奏事》：「尚書舊給介士二百人，人給大銅口刀一枚。」

（105）銀裝刀：古代名刀。《南史·席闡文傳》：「梁武帝將起兵，闡文勸。仍遣客私報帝，並獻銀裝刀，帝報以金如意。」

（106）脫光：古代名刀。《太公兵法》：「刀之神，名曰脫光。」

（107）善勝：古代名刀。《梁書·陶弘景傳》載：「大通初，令獻二刀於高祖，其一名善勝，一名威勝，並為傳寶。」

（108）威勝：古代名刀。見「善勝」條。

（109）葛黨刀：古代名刀。《夢溪筆談》：「吳鉤，刀名也。刃彎，今南蠻用之，謂之葛黨刀。」

（110）朝之：古代名刀。梁·陶弘景《古今刀劍錄》云：明帝鸞以建武二年造一刀，銘曰『朝之』。」

（111）朝儀刀：《刀劍錄》：「明帝鸞建武二年造一刀，銘曰朝儀刀。小篆書，長四尺。」

（112）新亭侯：古代名刀。見「張飛刀」條。

（113）蜀刀：漢代軍刀的一種。刀首有環。《漢書·文翁傳注》：「刀凡蜀刀，有環者也。」

（114）騰馬：古代名刀。梁·陶弘景《古今刀劍錄》：

「後蜀李雄，以晏平元年造刀五百口，文曰騰馬。」

（115）漏景：古代名刀。《古今注・上・輿服》：「吳大皇帝有寶刀三：……三曰漏景。」

（116）警惡刀：古代名刀。《山堂肆考》：「楊貴妃文玄琰，小時嘗有一刀，每出入道途間多佩之，或前有惡獸盜賊，則所佩之刀鏗然有聲，似警於人也。故名曰警惡刀。」

（117）麟嘉：古代名刀。梁・陶弘景《古今刀劍錄》：「後涼呂光，以麟嘉元年造一刀，銘曰麟嘉。」

（118）金背大環刀：雁翎刀的別名。參見雁翎刀條。

（119）少林三環單刀：全長三尺二寸，為歷代少林寺僧和武士練武防身和作戰之兵械（圖20-19）。

（120）少林金撾鉅齒刀：刃帶鋸齒，倒鉤，全長三尺。清代如量高僧精此武器也（圖20-20）。

（121）少林月牙刀：刀長八寸一分，寬三寸九分，後牙同前刀長度一樣。明代同隨和尚精此器（圖20-21）。

（122）少林單刀：全長三尺，同矛牌相互利用，稱矛盾刀釋十八法。清代寂聚、寂袍精此術（圖20-22）。

（123）少林魚頭刀：全長三尺四寸，形似魚頭，為歷代武士和寺僧習武之用（圖20-23）。

（124）少林柳葉刀：全長三尺二寸，把長六寸，形似柳葉，為歷代武士和僧徒習武防身之用（圖20-24）。

　　　註：有關傳統刀法方面的專著很多，如明《耕餘剩技・單刀選法》，明・戚繼光的《辛酉刀法》等。

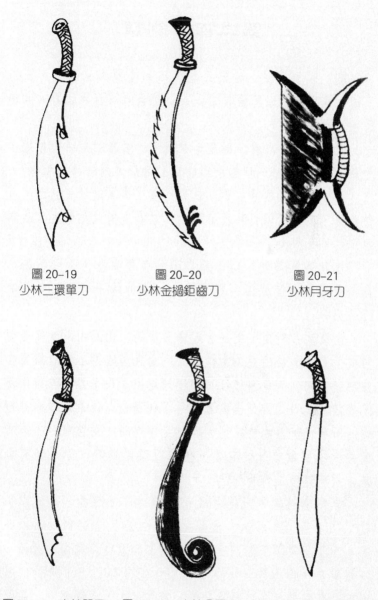

圖 20-19
少林三環單刀

圖 20-20
少林金撾鋸齒刀

圖 20-21
少林月牙刀

圖 20-22　少林單刀　　圖 20-23　少林魚頭刀　　圖 20-24　少林柳葉刀

第二節　劍類

劍　武術器械。古代兵器之一。《釋名・釋兵》曰：「劍，檢也，所以防檢非常也。」劍素有「百兵之君」的美稱。

據考古史料來看，劍產生在商代。當時的劍一般較短，約為20～40公分，呈柳葉形或銳三角形，劍初為銅製。

西周時代，戰爭主要以車戰為主。遠者以弓矢射之，近者以戈、戟、矛等長兵器爭鬥之，惟有肉搏以劍擊之。故劍的作用不是很大。

春秋戰國時期，劍作為步戰的主要兵器，得到不斷加長。如湖北江陵望山一號楚墓中出土的越王勾踐劍全長有55.7公分。

至漢武帝時期，劍長有超過3尺的，劍刃由兩度弧曲而伸成平直，劍鋒的夾角由銳加大。由東漢時期，環首鐵刀在當時騎戰中佔有普遍地位，劍逐漸退出了戰爭舞臺。後作為佩帶儀仗或習武強身自衛之功用了。漢代以後銅劍逐漸被鋼鐵劍所替代，並趨於定型，即劍身中有脊，兩側有刃，前有劍尖，中有劍首，後有莖，莖端設環處稱鐔，此外尚有劍鞘、劍穗等附屬飾物。

至隋唐時期，佩劍之風尤為盛行。《隋書・禮儀志》載：「一品，玉器劍，佩山玄玉。二品，金裝劍，佩水蒼玉。三品及開國子男，五等欵（散）品名號侯雖四、五品，併銀裝劍，佩水蒼玉，侍中已下，通直郎已上，陪位則象劍。帶直劍者，入宗廟及升殿，若在仗內，皆解劍。一品及

歕（散）郡公，開國公侯伯，皆雙佩。二品、三品及開國子男，五等歕（散）品號侯，皆只佩。綬亦如之。」劍被當時封建倫理道德和區分官職高低所用，被視為權力和貴賤之分的代表物。

唐代為最盛，劍被文人墨客視為飾物。常以來抒發凌雲壯志或表現尚武英姿。如大詩人李白少年習劍，二十五歲「仗劍去國，辭親遠遊」。杜甫有：「檢書燒燭短，看劍引杯長。」王維的「一身轉戰三千里，一劍曾動百萬師」等劍與戰爭的詩句留於後人。

後劍與道教接上不解之緣，成了道士們手中的法器之一。劍又被披上了神秘的外衣，成了「神劍」「劍仙」等法力無邊的聖物。

劍受到民間武藝家的青睞後，則迅速發展成了多種演練的形式。逐漸演變形成了「鬥劍」和「舞劍」兩種。「鬥劍」即發展成為現今的「擊劍」比賽項目；「舞劍」則發展為現今的劍術套路和藝術舞的劍舞表現形式。

至明、清時，劍的發展迅猛，各種名劍層出不窮，劍術和善劍的名人輩出，劍被廣大人民群眾所喜愛。

新中國成立後，劍被列為武術競賽項目。現代武術用劍的長度，規定為以運動員反手直臂持劍，劍尖達於耳垂為準。劍不開刃。劍的各部位包括有：劍身、劍尖、劍鋒、劍末、劍脊、劍刃、劍格、劍柄、劍首、劍鞘和穗（圖21-1）。

劍墩：即劍首。指劍柄的頂部，一般劍首中有孔，可穿繩。

劍鐔：即劍格，亦稱護手。指劍身與劍柄之間作為護手

的橢圓形盤部分。

劍鞘：又名劍匣、劍室。藏劍之物。有鐵和木製等，裹以沙魚皮，塗以朱漆或黑漆，又貴者並鑲珠嵌寶。

劍莖：劍柄之古稱。清·程瑤日《考工創物小記·桃氏為劍考》：「莖者，言頸也，在首下。」

劍室：即劍鞘。漢·揚雄《方言》：「劍鞘自河而北，燕、趙之間，謂之室。」

劍廓：劍梢的別稱。漢·揚雄《方言》：「劍梢自關而東或謂之廓。」

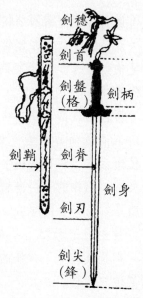

圖 21-1　劍的各部位名稱

劍珥：即劍格。又名劍鐔。《莊子·說劍篇》釋文引司馬云：「鐔，劍珥也。」

鞞：（bǐng）劍梢的別稱。漢·揚雄《方言》：「劍鞘自關之西，謂之鞞。」

劍穗：劍柄後縛的裝飾品。近現代劍術套路有長穗與短穗之分別。

劍袍：即劍穗。有文武之說，文劍佩帶劍袍，武劍則無。

劍術的套路有：七星劍、青萍劍、崑崙劍、太極劍、八卦劍、武當劍、達摩劍、三才劍、盤龍劍、峨嵋劍、八仙劍、醉劍、對練劍等。

劍的種類繁多，下面一一介紹如下：

　　（1）三尺：劍的別稱。因通體長三尺，故以之為劍的代稱。《漢書·高帝紀》：「吾以布衣提三尺，取天下。」唐·顏師古注：「三尺，劍也。」

　　（2）三尺劍：劍的泛稱。唐·杜甫《重經紹陵》詩：「風塵三尺劍，社稷一戎衣。」

　　（3）七尺：古代長劍的代稱。李益《再赴渭北使府留別詩》：「平戎七尺劍，封檢一丸泥。」《北堂書鈔》卷一百二十二：「長劍七尺。」

　　（4）利劍：名劍的泛稱。《公羊傳》魯宣公六年：「子之劍，蓋利劍也。」

　　（5）寶劍：劍的泛稱。唐·韋應物《廣陵行》：「歸來視寶劍，功名豈一朝。」

　　（6）吳粵劍：泛指春秋時代所製名劍。《周禮·冬官》：「鄭之刀，宋之斤，吳粵之劍，遷乎其地而弗能為良，地氣然也。」

　　（7）七星劍：古代名劍。劍身近柄處飾有北斗七星文，故名。《吳越春秋》：「伍子胥過，解劍與漁夫曰：此劍中有北斗七星文，其值百金。」（圖21-2）。

　　（8）十字短劍：屬雙兵短器械。劍長兩尺四寸有餘，通體為鐵製。劍身有脊，呈棱形，兩邊有刃，劍尖向上17公分處，另有一字形劍尖橫貫於劍身之中，呈「十」字

圖21-2　七星劍

形。橫突之劍，一側略向下彎，另一側向下彎曲而略向外折出，橫劍有脊，兩邊鋒利。劍柄呈扁平狀，上覆半圓硬木，使握手處為圓形，劍柄末端有鐵環可繫彩綢，握手兩側有護手刃，在護手處略朝上翹。用時兩手各執一把，十字劍兼有刺、勾、割的功能。

（9）干將：①古代劍名。與「莫邪」劍齊名。②人名。是戰國越人歐冶子之徒。《吳越春秋》：「吳王闔閭，使干將鑄劍，鐵計不下，莫邪（干將之妻）斷髮剪爪投入爐中，金鐵乃濡，遂以成劍。陽曰「干將」，陰曰「莫邪」，命其名以記之。」

（10）干勝：古代名劍。《廣雅・釋器》：「斷蛇、魚腸、純鉤、燕支、蔡愉、屬鏤、干勝、墨陽，並稱名劍。」

（11）干越之劍：指古代吳越所製之善劍。《莊子・刻意》：「有干越之劍者，押而藏之，不敢用也，寶而至也。」

（12）大劍：古代劍名。《五代史・史弘肇傳》：「周太祖出鎮魏州，弘肇議帶樞密以行，蘇逢吉楊鄴以為不可，弘肇恨之，明日會飲寶貞固第，弘肇曰：『安朝庭定禍亂，直須長劍大劍，若毛錐子安足用哉。』」

（13）大梁氏劍：南北朝時期梁武帝蕭衍命陶弘景所造神劍十三口，稱大梁氏劍。《劍記》：「梁武帝命陶弘景造神劍十三口，以象閏月。」又引《水經注》：「梁國多池沼，時池中出神劍，至令其民像而作之，號大梁氏劍。」

（14）工布：古代名劍。《越絕書・越絕外傳記寶劍》：「歐冶子，干將鑿茨山，泄其溪，取鐵英，作為鐵劍三枚：一曰龍淵，二曰泰阿，三曰工布。」

（15）萬仞：古代名劍。郭于章《劍記》：「西晉宋有旌陽令許遜者，得道於豫章山，江中有蛟為患，旌陽沒水投劍斬之，後不知所在，項漁人網得一石匣，鳴擊之聲數十里，唐朝道王為洪州刺史，破之得劍一雙，視其銘，一有許旌陽字，一有萬仞字。」

（16）上方寶劍：「尚方劍」的俗稱。指皇帝的御用寶劍，可授於大臣，掌先斬後奏之權力。

（17）千古劍：古代名劍。《萬劍錄》載：「孫權以黃武五年，採武昌鋼鐵作千古劍，萬古刀，各長三尺九寸，刀頭方，皆是南越炭作之。」

（18）子午鴛鴦劍：雙劍的一種。劍長三尺，劍身為扁平狀，下部寬一寸半，上部寬八寸，劍身兩側為向上傾斜的尖劍，渾體如鋸條，二劍之劍尖形式不一，一為半圓環形，如月牙狀，月牙尖向外；另一雖也為月牙狀，但其中部有一突出槍刺狀槍頭，劍把為扁平形，上扎布帶，劍把上有圓盤鐵護手，劍把一側有月牙形護手刃，薄而鋒利，劍把末有雙棱狀槍刺，此器四面有刃，甚是鋒利。

（19）飛景：三國時魏文帝曹丕命能工鑄造的三把寶劍之一。曹丕《典論》：「建安二十四年二月壬午，選茲良金，命彼國工，精而煉之，至於百辟，淶以清漳，光似流星，名曰飛景。」一作「蜚景」。元倉子曰：「蜚景之劍，威奪百日，氣成紫霞。」

（20）火精劍：古代名劍。《杜陽雜編》：「火精劍，建中二年大林國所貢。云其國有山，方數百里，出神鐵。其山有瘴毒，不可輕為採取。若中國之君有道，神鐵則自流溢煉之為劍，必多靈異。其劍之光如電，切金如泥。以朽磨

之，則生煙焰；以金石擊之，則火光流起。唐德宗時，上將幸奉天，自攜火精劍出內殿，研檻上鐵狻猊，應手而碎，乃乘輿夜，侍從皆見上仗數尺光明，即劍光也。」

（21）木劍：用木製作的劍。又名：「班劍」、「象劍」。晉代開始用於朝服佩帶。《南史·陳始興王叔陵傳》：「及倉卒之際，又命左右取劍。左右不悟，乃取朝服所佩木劍以進。」

（22）巨闕：春秋時期越國冶師歐冶子所鑄五大名劍之一。《荀子·性惡》：「闔閭之干將、莫邪、巨闕、辟閭，皆古之良劍也。」

（23）太阿劍：古代名劍。亦作「泰阿劍」。李斯《諫逐客書》：「今陛下致昆山之玉，有隨和三寶，垂明月之珠，服太阿之劍，乘纖離之馬，建翠鳳之旗，樹靈鼉之鼓。」一作「太哥」。

（24）太哥：「太阿劍」之異名。敦煌遺書《王陵變文》：「不可別物，請大王腰間太哥寶劍。」

（25）太康劍：古代名劍。以此劍造於殷帝太康在位時，故名。梁·陶弘景《古今刀劍錄》：「啟子太康在位二十九年，歲在三月辛卯春，鑄一銅劍，上有八方面，長三尺三寸，頭方。」

（26）王氏劍：古代名劍。《五代史·馮暉傳》：「吾聞王氏劍，天下利器也。」

（27）水心劍：古代名劍。《晉書·束哲傳》：「又秦昭王以三月置酒河曲，見金人奉水心之劍。」

（28）長揚劍：春秋時代晚期的鋼劍。因 1976 年 4 月考古者發掘長沙「長揚六十五號」墓時出土，故得名。為我

國被發現的第一柄古代鋼劍。此劍莖長 7.8 公分，身長 30.6 公分，寬 2～2.6 公分，脊厚 0.7 公分。

（29）**長鋏**：長劍的別稱。漢・揚雄《方言》：「長劍，楚人名曰長鋏。」

（30）**豐城劍**：古代名劍。即龍泉、太阿劍。《晉書・張華傳》：「吳之未滅也，斗牛之間常有紫氣。及吳平之後，紫氣愈明。華聞豫章人雷煥妙達偉象，乃要煥宿，因登樓仰觀。華曰：『是何祥也？』煥曰：『寶劍之精，上徹於天耳。』華曰：『在何郡』？煥曰：『在豫章豐城。』華即補煥為豐城令。煥到縣掘獄屋基得一石函，中有雙劍，並刻題，一曰龍泉，一曰太阿。煥遣使送一劍與華，留一自佩。」

（31）**分景劍**：古代名劍。《漢武帝內傳》：「王母腰佩分景之劍。」

（32）**永用劍**：古代名劍。《拳劍指南》：「永用劍是銅質鑄，為古吳季子之子逞之佩劍。……此劍式樣頗小，度為古代佩持之手劍。」此劍全長一尺五寸六分，重為一斤六兩，劍柄較短。

（33）**龍泉劍**：古代名劍。亦稱「龍淵劍」。出自河南西平縣。取當地龍泉水淬劍而得名。《東觀漢記》：「章帝賜尚書劍，韓棱淵深有謀，故得龍泉劍。」又，浙江龍泉縣所鑄之劍，亦稱「龍泉劍」（圖 21-3）。

（34）**龍劍**：古代名劍。劉禹錫

圖 21-3　龍泉劍

《武陵觀火》：「晉庫走龍劍，吳室蕩燕雛。」柳宗元《聞歌》詩曰：「翠帷雙卷出頃城，龍劍破匣雙月明。」

（35）龍淵劍：古代名劍。《漢書・武帝紀》龍淵：「在西平界，其水可用淬刀劍，特堅利。古龍淵之劍，取於此水。」一云即「龍泉劍」。

（36）玉頭劍：劍首用玉裝飾之劍。參見「玉具劍」條。

（37）玉具劍：劍首和劍柄部分用玉製成的劍。《漢書・匈奴傳》：「賜冠帶衣裳……玉具劍。」唐・顏師古注：「孟康曰『標首鐔衞盡用玉為之也。』鐔，劍口旁橫出者也；衞，劍鼻也。」

（38）玉柄龍：古代名劍。《事物異名錄・武器・劍》：「汾陽王（郭子儀）誕日，裨將以父所寶玉柄龍奉之。」

（39）滅魂：春秋時期越王勾踐所督鑄的八把長劍之六。

（40）白虹：三國吳大帝孫權所藏六柄名劍。晉・崔豹《古今注》：「三國吳大帝孫權有六柄寶劍，一曰臺虹，二曰紫電，三曰辟邪，四曰流星，五曰表冥，六曰百里。」

（41）光劍：古代名劍。春秋時吳王夫差所用之物，長約一尺五寸，莖為圓柱形，有兩道箍棱。劍身有兩行陰刻篆字，銘文「攻玉王光自（乍）用劍以戰戍人。」為安徽省南陵縣出土文物。

（42）百里：古代名劍。三國吳大帝孫權所藏六柄名劍之六。參見「白虹」條。

（43）夾劍：古代名劍。傳說殷帝孔甲在位時所鑄。梁・陶弘景《古今刀劍錄》：「孔甲在位三十一年，以九年

歲次甲辰，採牛首山鐵，鑄一劍，銘名曰『夾』，古文篆書，長四尺一寸。

（44）奪命龍：五代時軍中稱劍的專門隱語。據宋《清異錄‧武器‧小逡巡》載：五代前蜀王建初起兵時，軍刀用隱語稱刀曰：「小逡巡」，劍曰「奪命龍」。

（45）伍子胥劍：春秋時吳國大夫伍子胥所帶寶劍。清‧俞越《茶香室三鈔‧伍子胥劍》：「伍子劍，在滄臺湖中，長五尺許，有伍子胥牧，時浮水面，人取之必病，棄之即安。」

（46）華鋌：三國時魏文帝曹丕命能工鑄造的三把寶劍之三。曹丕《典論》：「選茲良金，命彼國工，精而煉之，至於百辟，以為三劍：一曰飛景，二曰流采，三曰華鋌。俱長四尺二寸，重一斤十有五兩，淬以清漳，礪以礛䃴（jiān zha），飾以文玉，表以通犀。」

（47）陽劍：古代名劍。《文選‧七命》：「楚之陽劍，歐冶所營。」

（48）啓劍：古代名劍。相傳為夏禹之子啟在位時所鑄。梁‧陶弘景《古今刀劍錄》：「夏禹子帝啟在位十年，對庚戌八年鑄一銅劍，長三尺九寸，後藏之秦塑山。腹上刻二十八宿，文有背面。面文為星辰，背記山月日月。」

（49）赤霄劍：漢高祖劉邦斬蛇所用之劍。梁‧陶弘景《古今刀劍錄》：「劉季在位十二年，以始皇三十四年，於南山得一鐵劍，長三尺，銘曰『赤霄』，大篆書。」

（50）軒轅劍：古代名劍。《名劍記》：「軒轅採首山之銅，鑄劍，以天之古字題名。」

（51）卻邪：春秋時期越王勾踐所督鑄的八把長劍之

七。參見「八劍」條。

（52）楊修劍：古代名劍。為漢末文學家楊修的佩劍。劍身長一尺六寸八分，篆有「楊修」二字，柄長八寸，重十四兩。劍鐔作圓環形，護手及劍柄、劍鞘均為木質，吞口為紫銅質。《拳劍指南》：「劍式極古，隱約見篆書『楊修』二字。」

（53）楊家山鐵劍：我國現存最早的鐵劍。係湖南長沙楊家山春秋後期墓出土文物。劍通體長 38.4 公分，劍寬 2～2.6 公分，劍脊厚 0.7 公分。

（54）折鐵寶劍：古代名劍。狀似刀，僅一側有刃，另一側是背，上有一窄凹槽。劍身中間印有寬凹槽，長 3 尺 4 寸 3 分，重僅 1 斤 4 兩。《拳劍指南》謂：「狀極古雅，有剛柔力，能彎曲自如。單雙手持之，無往不利。此是古大將所用折鐵寶劍。」

（55）吳干：指春秋時期吳國名劍「干將」。《戰國策・趙策》：「夫吳干之劍，肉試則斷牛馬，金試則截盤盂。」《呂氏春秋・疑似》高誘注：「吳干，吳之干將者也。」參見「干將」條。

（56）吳王劍：古代名劍。《貢奎虎丘山詩》：「當時吳王劍，礪光裂岩幽。」

（57）吳王夫差劍：古劍名。為春秋時期吳國君主夫差所用。湖南輝縣出土文物。劍通體長 59.1 公分，劍身寬 5 公分。劍身上有陰刻篆字銘文：「攻吾王夫差自作其之用。」

（58）吳王光劍：古劍名。為春秋時期吳國君至光所用。安徽南陵縣出土文物。劍通體長 50 公分，莖為圓柱形，有二道環棱形箍。劍身有脊，近鐔處有兩行陰刻篆字銘

文：「攻吾王光自乍（作），用劍以戰戎人。」

（59）吳越劍：古代名劍。《周禮·冬官》：「鄭之刀，宋之斤，魯之削，吳越之劍，遷手其他而弗能為良，地氣然也。」

（60）時耗：古代名劍。《越絕書·越絕外傳·記吳地傳》：「扁諸之劍三斤，方圓之口三斤。時耗、魚腸之劍在焉。」

（61）純鈞：春秋時期越國冶師歐冶子所鑄五大名劍之一。《文選·吳都賦》：「吳鈞越戟，純鈞湛盧。」唐·劉良注：「純鈞、湛盧，二劍名也。」也稱「純鈞」。

（62）純鉤：古代寶劍。「純鈞」之異名。《淮南子·修務》：「夫純鉤，魚腸之始下型，擊則不能斷，刺則不能入，及加之砥礪，摩其鋒鄂，則水斷龍舟，陸團犀甲。」參閱「純鈞」條。

（63）含光：古代名劍。春秋時衛人孔周藏有殷代留下來的三把寶劍：含光、承影、宵練。《列子·湯問》：「孔周曰：『吾有三劍，惟子所擇。一曰含光，視不可見，運之不知其所觸，泯然無際，經物而物不覺。』」

（64）秀霸：漢光武帝劉秀所佩之劍。梁·陶弘景《古今刀劍錄》：「（光武）未貴時，在南陽鄂山得一劍，文曰『秀霸』，小篆刻，帝常服之。」

（65）角鋏：齒鋏的別稱。見「齒鋏」條。

（66）靈寶劍：古代名劍。宋·沈括《夢溪筆談》：「錢塘聞人紹，一劍削十大釘皆截，劍無纖跡；用力屈之如鉤，縱之鏗鏘有聲，復直加弦。古之所謂靈寶劍也。」

（67）尚方斬馬劍：「尚方」亦作「上方」。指皇帝贈

予臣屬的寶劍，為最高權力的象徵。《漢書・朱雲傳》：「成帝時，丞相安昌侯張禹，以帝師位特進甚尊重。雲曰：臣願賜尚方斬馬劍，斬佞臣一人以厲其餘，上問誰也？對曰：「安昌侯張禹。」唐・顏師古注：「尚方，少府之屬官也，作供御器物，故有斬馬劍，劍利可以斬馬也。」可簡稱為「尚方劍」或「上方劍」。

（68）尚方劍：皇帝御用劍的代稱。為最高權力的象徵。參見「尚方斬馬劍」。

（69）定光：古代劍名。傳說殷帝太甲在位時所鑄。梁・陶弘景《古今刀劍錄》：「殷太甲在位三十二年，以四年歲次甲子鑄一劍，長二尺，文曰『定光』，古文篆書。」

（70）定秦：古代名劍。相傳為秦始皇所鑄之劍。梁・陶弘景《古今刀劍錄》：「秦始皇在位三十七歲，以三年歲次丁巳，採北祇銅鑄二劍，名曰『定秦』，小篆書。李斯書，長三尺六寸。」

（71）畫影劍：傳說中古代部族首領顓頊（zhuān xū）所用的寶劍。《名劍記》曰：「顓頊高陽氏有畫影劍、騰空劍。若四方有兵，此劍飛赴，指其方則克，未用時在匣中，常如龍虎嘯吟。」

（72）松紋：古代名劍「魚腸」之別稱。《夢溪筆談》：「魚腸，即今蟠鋼劍也。又謂之松紋。」

（73）青龍劍：唐代名劍。唐・段成式《酉陽雜俎》：「唐開元中，河西騎將宋青春每陣，常運劍大呼，……吐蕃曰：『嘗見青龍突陣而來，兵刃所及，若叩銅鐵，謂為神助將軍也。』」

（74）青蛇劍：古代劍名。《萬花谷》載：「龜文、龍

藻、白虹、青蛇……皆劍名也。」

（75）**青冥**：三國吳大帝孫權所藏六柄名劍之五。參見「白虹」條。

（76）**青霜**：古代名劍。此劍之劍光青凜若霜雪，故名。唐·王勃《滕王閣序》：「紫電青霜，王將軍之武庫。」

（77）**轉魄**：春秋時期越王勾踐所督鑄的八把長劍之三。

（78）**斬蛇劍**：一名「斬蛇」。漢高祖劉邦斬白蛇之寶劍。《西京雜記》：「高祖斬白蛇劍，十二年一加磨瑩，刃上常若霜雪。」參見「斷蛇」條。

（79）**服劍**：古人隨身佩帶的劍。《戰國策·齊》：「遣太尉齎（jì）黃金千斤，文馬二駟，服劍一，封書一，謝孟嘗君。」

（80）**齒鋏**：劍的一種。指帶齒形的鋏器。左思《吳都賦》：「毛群以齒角為矛鋏。」亦稱「角鋏」。

（81）**步光劍**：春秋時期越國名劍。《史記》：「越使大夫種言於吳王，曰：『聞大王將興丈義，因奉屈虜之矛，步光之劍。』」

（82）**昆吾劍**：古劍名。原稱「錕鋙」，亦作「琨鋙」。屬此劍。劍身原為一側有刃，一側無刃，前有尖鋒。後來演變為前半身有鋒有脊，兩側有刃；後半身無脊無刃，僅呈平板形狀。其劍柄較長，可用兩手握持。」

（83）**金劍**：古劍的一種。《刀劍錄》：「章帝建初八年，鑄金劍令投於伊水中，以壓人膝之怪。」

（84）**魚腸**：春秋時期越國冶師歐冶子所鑄五大劍之

一。漢·袁康《越絕書·外傳·記寶劍》：「闔閭以魚腸之劍刺吳王僚。」參見「湛盧」條。

（85）承影：古代名劍。為春秋時衛人孔周所藏。《列子·湯問》：「孔周曰：『吾有三劍，惟子所擇。……二曰承影，味爽之交，日夕昏有之際，北面察之，淡炎焉若有物存，莫有其狀。其觸物也，竊然有聲，經物而物不見』。」《文苑英華·唐並州都督鄂國公尉遲恭碑銘》：「蛟分承影，雁落忘歸。」

（86）孟德劍：三國時曹操所用之寶劍。因曹操字孟德，故名。梁·陶弘景《古今刀劍錄》：「魏武帝曹操，以建安二年，於幽谷得一劍，長三尺六寸，上有金字，銘曰『孟德』，王常服之」。

（87）神劍：①指靈異之劍。《晉書·劉曜載記》：「嘗夜閑居，有二童子入跪獻劍一口，置前再拜而去。以燭視之，劍長二尺，背上有銘曰：『神劍御，除眾毒。』曜遂服之，劍隨四時而變為五色。」②古代名劍。梁·陶弘景《古今刀劍錄》：「孝武帝昌明，以大元元年，於華山頂埋一劍，銘曰『神劍』，隸書。」

（88）神龜：古代名劍。漢文帝劉恆在位時所鑄。梁·陶弘景《古今刀劍錄》：「文帝恆在位二十三年，以初元十六年歲次庚午鑄二劍，長三尺六寸，銘曰『神龜』。多刻龜形以應大橫之兆。」

（89）扁諸：古代劍名。《吳越春秋·夫差內傳》：「吳敗齊師於艾陵之上，還師臨晉與定公爭長。吳師皆文犀長盾，扁諸之劍，方陣而行。」注：「闔閭既鑄成干將、莫邪二劍，餘鑄得三千，並號扁諸之劍。」

（90）疥癆賓：古代劍名。《唐書·顧彥輝傳》：「養子瑤，尤親信，彥輝以所佩劍號疥癆賓佩之。」

（91）誡劍：古代劍名。傳說為秦昭王稷在位時所鑄。梁·陶弘景《古今刀劍錄》：「秦昭王稷在位五十二年，以元年歲次丙午鑄一劍，長三尺，銘曰『誡』，大篆書。」

（92）泰阿：春秋時期名劍之一。亦作寶劍的通稱。為鑄劍名師歐冶子、干將所鑄。見《越絕書·越絕外傳·記寶劍》。《史記·李斯列傳》：「今陛下……服太阿之劍，乘纖離之馬。」一作「太阿」。參見「太阿劍」條。

（93）勝邪：春秋時越國冶師歐冶子所鑄五大名劍之一。參見「湛盧」條。

（94）輕呂：古代名劍。《逸周書·克殷》：「武王答拜。先入，適王所，乃施射之，三發而後下車，而擊之以輕呂，斬之以黃鉞。」

（95）獨鹿：古代劍名。《荀子·成相》：「恐為子胥身離凶，進諫不聽，到而獨鹿棄之江。」《注》：「獨鹿與屬鏤同。」「屬鏤」係吳王夫差賜伍子胥劍名。

（96）崩劍：（kán jián）古代名劍。漢平帝所用的寶劍。梁·陶弘景《古今刀劍錄》：「漢平帝在位五年，以元始元年掘得一劍，上有帝名。因服之，大篆書。」

（97）宵練：古代名劍。為春秋時期衛人孔周所藏。《列子·湯問》：「孔周曰：『吾有三劍；惟子所擇……三曰宵練，方晝則見影而不見光，方夜則見光而不見形。其觸物也，驚然而過，隨過隨合，覺疾而不血刃焉』。」一作「霄練」。

（98）流采：三國時魏文帝曹丕命能工鑄造的三把寶劍

之二。參見「飛景」條。

（99）流星：三國吳大帝孫權所藏六柄名劍之六。唐・楊炯《楊盈川集・送劉校書從軍》詩：「赤土流星劍，鳥號明月弓。」參見「白虹」條。

（100）淳鈞劍：古代名劍。相傳為歐冶子所煉。《淮南子》：「山崩而落洛之水涸，歐冶子而淳鈞之劍成。」亦名純鈞劍。

（101）袖裡劍：短劍的一種。其柄長大，而劍身稍短，總長不及一尺二寸，劍身藏於劍柄之末。柄為中空，內有彈簧。袖裡劍平時可藏於袖筒之內。用時取出劍柄，按動按鈕，劍身即從劍柄中彈出傷人。

（102）浪人劍：古代名劍。為浪人（行蹤無定者）所鑄。《會要》：「貞觀元十年九月辛卯，南詔獻鋒槊、浪人劍。」亦名「浪劍」。

（103）莫邪：①古代名劍。②春秋時期吳國鑄師干將之妻。《吳地經》：「匠門又名干將門。吳王使干將於此鑄劍，………其妻莫邪……躍入爐中，鐵汁遂出。成二劍，雄號干將，作龜紋；雌號莫邪，鰻文。」參見「干將」條。

（104）珠劍：古代名劍。《南史・羊侃傳》：「魏帝壯之，賜以珠劍。」

（105）眞剛：春秋時期越王勾踐所督鑄的八把長劍之八。

（106）破山劍：古代名劍。《珊瑚鉤詩話》：「有農夫耕地得劍，磨洗適市，值賈胡售以百千，未可，至百萬，約來日取之。夜歸語妻子，此何異而價至。是庭中有石，偶以劍指之，立碎。詰旦，胡人載鎰呈，則嘆叱曰：劍光已

盡，不復買。農夫苦問之。曰：是破山劍，唯一可用，吾欲持之破寶山耳。」

（107）**夏禹劍**：古代名劍。傳說為夏朝大禹時所鑄。《名劍錄》：「夏禹鑄一劍，藏會稽山，腹上刻二十八宿，文有背面，文為日月星辰，背記山川。」

（108）**班劍**：古代飾有花紋的木製儀仗用劍。盛行於西晉。至南朝稱為「象劍」。《宋書·樂志四》：「雄戟辟曠途，班劍翼高車。」《宋史·袁燊傳》：「太宗臨崩，燊與褚淵並受顧命，加班劍二十人，給鼓吹一部。」

（109）**鴉九劍**：唐代鑄劍師張鴉九所造之劍。唐·白居易《鴉九劍》詩：「歐冶子死千年後，精靈暗授張鴉九，鴉九鑄劍吳山中，天與日時神借功。」

（110）**毫曹**：古代名劍。《吳越春秋》：「（越）王以毫曹示薛燭，燭曰：『夫寶劍五色並見，毫曹暗無光，殞其光芒，其神亡矣』。」

（111）**驚鯢**：春秋時越王勾踐所督鑄的八把長劍之五。

（112）**斷蛇**：古代劍名。《廣雅·釋器》：「斷蛇，劍也。」王念孫《疏證》：「《西京雜記》云：『漢高帝斬蛇劍，劍上有七采珠、九華玉以為飾，刃上常若霜雪，光采射人，蓋即《廣雅》所謂斷蛇也』。」參見「干勝」條。

（113）**鹿盧劍**：古代名劍。《宋書·符瑞志》：「宋太宗為徐州刺史，出鎮彭城，昭太后賜以大珠，鹿盧劍，此劍是御服，佔者以為嘉祥。」

（114）**掩日**：春秋時越王勾踐所督鑄的八把長劍之一。

（115）**曹操對鋒利刃**：刀式古劍。劍背貼護手處有篆文「曹操對鋒利刃」，故名。劍身長三尺二寸四分，寬約一寸二分，重一斤七兩，貼護手處鑄有三朵小花，劍鐔與護手皆嵌銀精鑄，其柄與護手均似刀形。1918 年，山東濟寧西關古墓中出土。

（116）**懸翦**：春秋時越王勾踐所督造的八把長劍之四。

（117）**銅劍**：古代劍名。以銅鑄成。《刀劍錄》：「夏君在位，以庚戌八年鑄一銅劍。

（118）**屬盧劍**：古代名劍。《吳越春秋》：「越王賜文種屬盧之劍。」一作「屬鏤」。參見「屬鏤」條。

（119）**屬鏤**：古代名劍。《左傳·魯哀公十一年》載有：「吳王夫差賜伍子胥屬鏤自刎」事。《吳越春秋》作「屬盧」；《廣雅·釋器》作「屬鹿」；揚雄《太玄賦》作「屬婁」；《荀子·成相》作「獨鹿」。參見「干勝」條。

（120）**隋刃**：亦名浪劍。劍身用毒藥煉鑄，傷人即死。《新唐書·南詔傳》：「隋刃，鑄時以毒藥並冶，取迎曜如星者，凡十年乃成，淬以馬血，以金犀飾鐔首，傷人即死。浪人所鑄，故亦名浪劍。」（註：浪人，指行蹤不定之人）。

（121）**隨侯劍**：古代劍名。《漢書·郊祀記》：「又以方士言，為隨侯劍，寶玉、寶璧、周康寶鼎，立四祠於未央宮中。」

（122）**湛盧**：春秋時期越國冶師歐冶子所鑄五大名劍之一。晉·左太沖《吳都賦》：「吳鉤越棘，純鈎湛瀘。」相傳歐冶子所鑄五大名劍為三大二小。其大者有湛盧、純

鈎、勝邪；其小者有魚腸、世闞。湛瀘寶劍因通體「湛湛然黑色也」（宋·沈括《夢溪筆談·器用》）而得名。一作「沉瀘」。

（123）棠溪：古代名劍。因戰國時期棠溪（今河南舞陽縣西南）地方出利劍。故以之名劍。《楚辭·九嘆·怨思》：「執棠溪以剌（fú）蓬兮，秉干將以割肉。」劉勰《新論》：「棠溪之劍，天下之銛（xiān）也。」亦作劍的代稱。

（124）越劍：指古越所製之利劍。劉勰《新論》：「越劍性銳，必托槌砧以成鈍鈎」（圖21-4）。

（125）越王勾踐劍：古劍名。為春秋越國君主勾踐所用。湖北江陵縣望北一號墓出土，劍通體長55.7公分，劍身寬4.6公分，劍柄長8.4公分。上有銘文，曰：「越王鳩淺自作用劍。」鳩淺即勾踐。

（126）越州勾劍：指春秋時越王朱勾之寶劍。湖北省荊門市子陵崗發掘出五百多件東周至東漢時期的重要文物。其中越王州勾劍尤為珍貴，是繼越王勾踐劍之後出土的又一件兵器國寶。這把劍通體長56.2公分，以篆文鑄成的銘文「越王州勾自作用劍」清晰而精美，可與著名的越王勾踐劍媲美。

（127）墨陽：古代名劍。參見「干勝」條。

（128）紫電：三國吳大帝孫權所藏六柄名劍之一。王勃《滕王閣序》：「紫

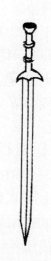

圖21-4　越劍

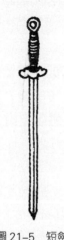

圖 21-5　短劍　　　　　　圖 21-6　逸龍劍

電青霜，王將軍之武庫。」參見「白虹」條。

（129）**象劍**：「班劍」的別稱。南朝時用作儀仗的劍，稱象劍。參見「班劍」條。

（130）**短劍**：劍的一種。劍身較短，劍盤小，握柄由生鐵鑄成，柄端有一圓環（圖21-5）。

（131）**逸龍劍**：劍的一種。劍身有龍形圖案，因而得名。無劍穗，其劍術套路的主要擊法有劈、刺、扎、撩、點、崩、擊、截、抹等（圖21-6）。

（132）**短鋏**：劍的一種。鋏的別稱。張協《短鋏銘》：「亦有短鋏，清暉載爛。」參見「長鋏」條。

（133）**鎮岳尚方劍**：古代名劍。相傳為西周時期昭王瑕在位時所鑄的寶劍。梁‧陶弘景《古今刀劍錄》：「昭王瑕在位五十一年，以二年歲次壬午，鑄五劍，名五岳，銘曰：『鎮岳尚書』，古文篆書，長五尺。」

（134）楚劍：指古楚所製之利劍。《說苑》：「秦昭王中朝而嘆曰：夫楚劍利，倡優拙。夫楚劍利則士多悍，倡優拙則思慮遠，吾恐楚之謀秦也。」張東：「吳鈎明似月，楚劍利如霜。」

（135）照膽：古代劍名。南朝·梁·陶弘景《刀劍錄》載：「武丁在位五十九年，以元年歲次戊午鑄一劍，長三尺，銘曰『照膽』，古文篆書。」

（136）腰品：唐代供佩帶用的短劍名。宋《清異錄》：「唐劍具稍短，常旋於脅下者，多腰品。」

（137）騰空劍：傳說中古代部族首領顓頊所用的寶劍。《名劍記》曰：「顓頊高陽氏有畫影劍、騰空劍。」參見「畫影劍」條。

（138）錕鋙：古代名劍。《列子·湯問》：「周穆王大征西戎，西戎獻錕鋙之劍，……切玉如泥。亦用昆吾。」注：「昆吾，龍劍也。」

（139）辟邪：三國吳大帝孫權所藏六柄名劍之一。參見「白虹」條。

（140）辟閭：古代名劍。《荀子·性惡》：「恆公闔閭之干將、莫邪、鉅闕、辟閭，此皆古之良劍也。」

（141）蔡愉：古代名劍。參見「干勝」條。

（142）裴旻劍：古代利劍。宋·文同：「交柯揮電裴旻劍，亂蔓淋漓張曉筆。」

（143）雌雄劍：①古代名劍。晉·王嘉《拾遺記》載：昔吳國武庫之中，兵刃鐵器，俱被物食盡，而封署依然。王令檢其庫穴，獵得雙兔，一白一黃。殺之，開其腹，而有鐵膽腎，方知兵刃之鐵為兔所食。王乃召其劍工，令鑄其膽腎

為劍，一雌一雄。號『干將』者雄，號『莫邪』者雌。其劍可以切玉斷犀，王深寶之，遂霸其國。」②指插於一鞘之雙劍，二劍把扁平，劍身一邊平，另一邊有脊，相合成一劍之形。

（144）磐郢：古代名劍。《吳越春秋》：「吳王得越所獻寶劍三枚。一曰魚腸，二曰磐郢，三曰湛瀘。」一作「豪曹」。

（145）燕支：古代名劍。《廣雅‧釋器》：「斷蛇、魚腸、純鉤、燕支、蔡愉、屬鏤、干勝、墨陽，並稱名劍。」

（146）鞘劍：古代劍名。《元史‧何實傳》：「實來歸，大將木華黎與論兵事，奇變百出。遂引見太祖，獻軍民之數，帝大悅，賜鞘劍。命從木華黎選充前鋒。」

（147）蟠鋼劍：「魚腸」劍之別名。宋‧沈括《夢溪筆談》：「魚腸即蟠鋼劍也。」亦稱松紋劍。參見「魚腸」條。

（148）欙具（leì jú）古長劍名。木柄上有蓓蕾形的玉飾等，古稱欙具。《漢書‧雋不疑傳》：「不疑冠進賢冠，帶欙具劍。」晉灼注：「古長劍首以玉作井鹿盧形，上刻木作山形。如蓮花初生未敷時。今大劍木首，其狀似此。」

（149）彝族波長劍：短劍的一種。源於清代。刃體寬大，近尖處略窄。劍體作火焰形或波浪形，左右曲折，刃之下部尤為彎曲。刃長二尺餘，柄長五寸五分，柄與鞘之形式無定制。莖與護手略為十字形，護手之一邊另有一直形護手。劍柄首作圓盤形，上有小塔形之尖頂。全柄為鋼製，刃上深刻三獸形，或蹲或馳，相間刻有一顆星形花紋。

（150）少林長劍：全長三尺四寸，把長六寸二分。明

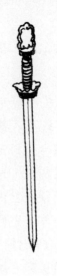

圖 21-7 少林長劍　　圖 21-8 少林靑龍劍　　圖 21-9 少林七星劍

代悟華，清代清倫、清蓮、清雲精劍術（圖21-7）。

（151）少林靑龍劍：全長三尺三寸。歷代寺僧和武士用於習武、防身之用（圖21-8）。

（152）少林七星劍：全長三尺三寸。寺僧、武士用於習武防身（圖21-9）。

（153）少林魚藏劍：魚長1尺5寸，劍長9寸。歷代名人防身之寶。了義高僧備有此劍除惡安良（圖21-10）。

圖 21-10 少林魚藏劍

第三節　鞭類

鞭　中國古代兵器之一。短兵器械的一種。鞭起源較早。至春秋戰國時期已很盛行，據《左傳》載：「楚舊臣伍子胥，因父兄被平王害，乃投吳、佐吳伐楚。入郢，平王已死，乃鞭荊平王之墓，以報父兄之仇。」《周禮·地官司市》亦載：「凡市人則胥吏執鞭度守門。」至隋唐五代，將士尤善使鐵鞭。《中國兵器史稿》記載：「馮氏兄弟所著《金石索》，圖有後梁招討使王彥章之鐵鞭或鐵鐧一具，長：漢尺6尺2寸強，重：清秤15斤，凡19節，每節以銅條束之，柄飾木而束以銅，柄端如錘，四面環列「赤心報國」四字，字色綠，似熔銅鑄就者。」

宋代鞭是軍隊的兵器種類之一。明代鞭的種類也很繁多。至清代鞭也受到滿族人的喜愛而流傳較廣。鞭有軟硬之分。硬鞭多爲銅製或鐵製，軟鞭多爲皮革編製而成。常人所稱之鞭，多指硬鞭。七節鞭、九節鞭、十三節鞭謂之軟鞭。鞭適用於馬戰與步戰。硬鞭一般用於馬戰，持鞭之將多持雙鞭。鐧鞭沉重而無刃，以力傷人。故持鞭者均需大力勇。常用的鞭法有劈、掃、扎、抽、劃、架、拉、截、摔、刺、撩等。下面介紹幾種不同種類的鞭。

（1）方節鞭：短兵器械之一。屬於硬鞭。由鞭身和握把組成。鞭身爲十一節方形鐵疙瘩構成。鞭把爲圓形鐵製。用時可以鞭身擊打，也可用鞭尾之小鞭甩擊（圖22-1）。

（2）秦家鞭：短器械的一種。此鞭鞭長四尺，通體爲

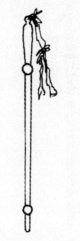

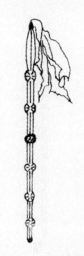

圖 22-1　方節鞭　　　　圖 22-2　秦家鞭　　　　圖 22-3　尉遲恭鞭

長鐵杆。其上下二端各有一突出的圓球。無明顯的鞭把和鞭
尖的區別。其用法同硬鞭（圖 22-2）。

（3）尉遲恭鞭：短兵器械之一。屬
硬鞭。其鞭長四尺，通體為鐵製。鞭身分
為六節，節與節之間有突出的圓疙瘩。其
鞭把手處較粗約一寸半，愈往鞭尖愈細。
其用法如硬鞭（圖 22-3）。

（4）雷神鞭：短兵器械之一。屬硬
鞭。其鞭長四尺，鞭把與劍把相同。鞭身
前細後粗。共為十三節，形如寶塔。鞭身
為方形，每節之間有突出的鐵疙瘩。鞭尖
成方錐形，有利尖。鞭身粗一寸有餘。把
手處有圓形銅護盤。鞭重三十斤。通體為
鐵製（圖 22-4）。

圖 22-4　雷神鞭

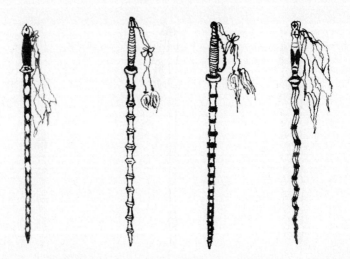

圖 22-5　水磨鋼鞭　圖 22-6　竹節鞭　圖 22-7　鋼鞭　圖 22-8　蛇形鞭

（5）硬鞭：硬鞭的特點是用銅或鐵製身。其鞭身、鞭把和鞭尖渾為一體，鞭身硬直。硬鞭有竹節鞭、雷神鞭、連珠雙鐵鞭、水磨鋼鞭等。

（6）尾鞭：短器械的一種。硬鞭類。其鞭長三尺半，把手為圓柱形，前有圓形銅護盤。鞭身前細後粗，鞭身上有若干低陷小槽，鞭身頂端處下三寸有一圓孔。孔中穿有鐵鏈與另一小鐵鞭相連。小鐵鞭長 1 尺 5 寸，為圓柱形，非常鋒利。通體長三尺半至四尺。其主要用法與硬鞭相同。

（7）水磨鋼鞭：短兵器械之一。屬於硬鞭。鞭長三尺五寸，鞭把為五寸，鞭身長三尺。鞭身後粗前銳。呈方形，有十三個鐵疙瘩，鞭頭稍細，為方錐形。鞭把粗為一寸三分。鞭頭鞭把二處均可握手，能二頭使用（圖 22-5）。

（8）竹節鞭：短兵器械之一。屬於硬鞭。其鞭長四尺半，把手為圓形，上有若干突出圓結，便於握手。把手前有

圖 22-9　少林竹節銅鞭　　　圖 22-10　鐵鞭　　　圖 22-11　鐵鞭

圓形護盤。鞭身前細後粗，呈竹節狀，共有九節或十一節不等。鞭身頂端很細。通體為鐵製（圖 22-6）。

（9）鋼鞭：為打擊性的短兵器（圖 22-7）。

（10）蛇形鞭：為打擊性的短兵器（圖 22-8）。

（11）少林竹節銅鞭：古代五尺折現代三尺。清代真珠禪師精此械（圖 22-9）。

（12）鐵鞭：短兵械之一（圖 22-10、22-11）。

第四節　鐧類

鐧　古代兵器之一，亦稱「簡」。武術的短器械。鐧因其外形為方形有四棱，形狀似簡，而得其名。《武備志》載：「鞭、簡、蒺藜、蒜頭，皆短兵器中最短者，以力士求之，奮揚可前，足以靡三軍，其製大同小異。」鐧為銅或鐵

製之，長爲四尺。鐧由鐧把和鐧身組成。鐧把有圓柱形和劍把形二種。鐧身爲正方四棱形，鐧粗約二寸，其後粗，愈向其端愈細，逐步成方錐形。鐧把與鐧身聯接處有鋼護手。鐧身有棱而無刃，棱角突出，每距六、七寸有節。鐧身頂端尖利可作擊刺之用。鐧把末端有吞口，如鑽形。吞口上繫一環，環扣上絲弦或牛筋可懸於手腕。鐧多雙鐧而用。其主要擊法有擊、梟、刺、點、攔、格、劈、架、截、吹、掃、撩、蓋、滾、壓等。

據載在兩晉南北朝時期，鐧就有所見。當時北齊大將秦旭，善使雙鐧，爲北齊建業立下戰功。其子秦葬秉承父業，亦使雙鐧，北戰南征，屢建戰功。至唐宋時，鐧還作爲帝王御賜權臣的信物。宋代時期，鐧多爲鐵製。明清兩代，鐧不僅皇室製造，軍隊中流行，民間也廣爲流傳。下面介紹幾種。

（1）八棱鐧：短兵器械。由一根八棱形鐵杆製成，故得其名，長約四尺半。

（2）刀形鐧：短兵器械。其長四尺五寸，為鐵製成。鐧把為劍把形，尾有小孔，可穿繩而懸於腕上。鐧把前有鐵製護手盤。鐧身為扁平形，其形如刀，後部窄小，前部寬大。鐧身厚半寸。後部寬二寸，前部寬四寸，頂端為斜形。

（3）平棱鐧：短兵器械，平棱鐧長四尺。鐧把為圓柱形，尾端有一小孔，可作穿繩之用。鐧把前有六邊形銅護盤。鐧身呈六棱形，尾部粗而豐。鐧頂端粗為一寸。平棱鐧亦有單使，單使之鐧粗有二寸。

（4）凹面鐧：短兵器械。鐧長二尺五寸左右。鐧把為

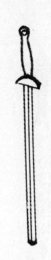

圖 23-1　凹面鐧　　　圖 23-2　龍頭鐧　　　圖 23-3　四棱鐧

圓柱形。鐧身為方形，內中有槽，故得其名
（圖 23-1）。

（5）**龍頭鐧：**短兵器械。鐧體為圓柱
形。上盤有鐵龍一條，龍頭在鐧端，故得其
名（圖 23-2）。

（6）**四棱鐧：**鐧的一種。短兵器械。
鐧體呈四棱形狀，故得其名（圖 23-3）。

（7）**竹節鐧：**短兵器械。鐧長四尺
半，式樣與平棱鐧相同。惟其鐧身呈四棱
形。

（8）**混圓鐧：**短兵器械。鐧身長為四
尺，通體呈圓柱形，以鐵製成（圖 23-
4）。

（9）**劍形鐧：**短兵器械。鐧身長為四

圖 23-4　混圓鐧

圖 23-5　狼牙鐧　　　圖 23-6　袖鐧　　　圖 23-7　少林方楞銅鐧

尺，有銅和鐵製兩種，鐧把為劍把形，尾部有鑽，穿繩於其內而懸於手腕。鐧把前有銅製橢圓形護手盤。鐧身呈四棱形，後粗前細。後粗為二寸，前粗為一寸半。鐧身無刃，棱角分明。其頂端為錐形而成尖角。

（10）狼牙鐧：鐧的一種。短兵器械的一種。鐧身是一根前端小，後端粗的圓形木棒。其長為二尺。棒上裝有四排鐵釘，每排四至六刺，交錯排列。棒之頂尾各有一刺。鐵釘呈三角形。由於鐵釘尖銳，且又犬牙交錯，攻擊能力很強。其棒之尾端五寸為握手處，無鐵刺（圖 23-5）。

（11）袖鐧：其握柄呈圓柱形，有一對朝前和向後的護手鐧，鐧尖頭呈圓形（圖 23-6）。

（12）少林方楞銅鐧：少林兵器之一，全長三尺。清代真靈、真雲二高僧精此器（圖 23-7）。

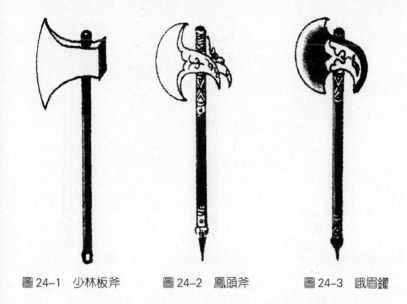

圖 24-1　少林板斧　　　圖 24-2　鳳頭斧　　　圖 24-3　峨眉鑺

第五節　短斧類

　　短斧的主要種類和作用，已在第二章長斧類中作了詳細介紹，本章中不再贅述，僅將短斧列入短兵械一項而已。另有多種雙斧，均在雙兵械中再作介紹。

　　（1）**少林板斧**：長二尺八寸，斧頭長一尺二寸，刃寬九寸。元代智安高僧精此械（圖24-1）。
　　（2）**鳳頭斧**：斧頭長八寸，刃闊五寸，尾厚刃薄。柄長二尺五寸。是斧中較短的一種（圖24-2）。
　　（3）**峨眉鑺**：長九寸，刃闊為五寸，柄長三尺，粗約盈把，常用於近戰或地道內掘土所用（圖24-3）。

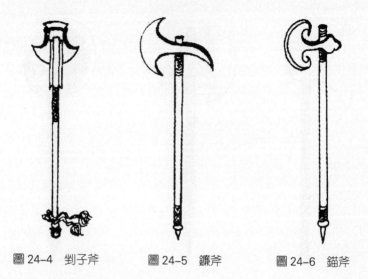

圖 24-4　剗子斧　　　　圖 24-5　鐮斧　　　　圖 24-6　錨斧

（4）劈正斧：以蒼水玉碾造，單刃，長二尺餘。為元代帝王儀仗所用。皇帝登基、正旦、慶生日、登大明殿會朝等，一人執之立於陛下，取「正人不正」之意。《明詩別裁·壬子秋過故宮》：「興隆有管彎笙歇，劈正無宮玉斧沉。」

（5）剗子斧：宋代兵器。刃長四寸，厚四寸五分，闊七寸，柄長三尺五寸，柄把有四刃，長四寸（圖 24-4）。

（6）鐮斧：元代蒙古兵使用的斧（圖 24-5）。

（7）錨斧：元代蒙古兵使用的斧（圖 24-6）。

第六節　鉤類

鉤　武術器械。古代兵器之一。由戈演變而成。春秋時期，鉤與戈、戟併用之。據《漢書·韓延壽傳》載：「延壽

又取官銅物，候月蝕鑄作刀、劍、鉤、鐔。」顏師古注：
「鉤，亦兵器也，似劍而曲，所以鉤殺人也。」武術中所用
的鉤有單、雙鉤之分。技法有鉤、縷、掏、帶、托、壓、
挑、刺、刨、掛、推、架等。演練時起伏吞吐如浪式。下面
介紹幾種不同的鉤，凡雙鉤者多歸雙兵械類中介紹。

（1）風火鉤：俗稱「鐵煙鬥」。它既是吸煙的工具，
又是防衛武器。由煙斗、火連、煙袋、皮繩連接而成。火連
重約一斤，煙袋內小鐵球兩個。該兵械近則用煙斗勾、掛、
點、戳而擊之，並可用斗中的鐵絲驚敵。遠則用皮繩，煙袋
和火連抽殺，勢如風車飛轉，銳不可當，兼有鞭、流星錘等
共同點，還可用煙斗點穴。該兵械雖屬鉤類，但技法確是
鞭、鉤、流星錘的共同體現。

（2）鉤鑲：短兵器之一。鉤鑲是
一種錘和鉤有機結合而成的兵器。其前
面是一個鐵錘，呈圓形或六角形，錘下
為木柄。錘頂和柄尾各有一隻鉤子。用
時錘擊鉤刺，再配以刀劍之威，攻擊力
很強（圖 25-1）。

（3）吳鉤：①鉤的一種。《吳都
賦》：「吳鉤越棘，純鉤湛盧。」②古
吳所製造的一種彎弓。《吳越春秋·闔
閭內傳》：「闔閭即寶莫邪，復命於國
中作金鉤，令曰：『能為善鉤者，賞之
百金。』吳作鉤者甚眾。」李賀《南
園》：「男兒何不帶吳鉤，收取關山五

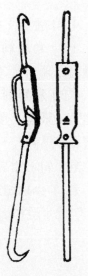

圖 25-1　鉤鑲

圖25-2　鹿角刺　　　　　圖25-3　少林如意金鉤

州。」

（4）金鉤：吳鉤的別稱。參見「吳鉤」條。

（5）魚尾鉤：長三尺四寸，圈口九寸，魚尾寬四寸。有護手月牙刃。

（6）鹿角刺：武術短器械。又名「絆馬鉤」。形如梅花鹿角。鐵製，多刺。具有一件多用和短械長用的功能，特點擅長絆馬鉤人，亦能用於攀登牆壁。主要用法有刺、戳、扎、掛、勾、擋、架、絞、拖絆、纏等（圖25-2）。

（7）少林如意金鉤：全長三尺六寸，下有尖，上有鉤刀。明代了改和尚練此械（圖25-3）。

第七節　錘類

　　錘　武術器械。古代兵器。亦稱「椎」、「骨朵」。《史記·魏分子列傳》：「椎殺晉鄙。」《呂氏春秋·當務》：「（跖）故死而操金椎以葬，曰：『下見六王、五伯，將敲其矣!』」錘的歷史可追溯到原始時期，人們製以石錘用作生產工具，西周以後，錘在一些古籍中可以見到，據《史記·留侯世家》記載：張良「得力士，爲鐵椎重百二十斤。秦皇帝東遊，良與客狙擊秦皇帝博沙中，誤中副車。」五代以後，錘在騎兵將領多用，是軍隊中主要兵器。

　　《宋史·儀衛志》記載：「凡皇儀司隨駕人數，崇政殿只應親從四指揮，共二百五十二人，執擎骨朵，充禁衛。」至宋元以後，由於其他兵器的廣泛運用，錘在軍隊中逐漸被淘汰。明·戚繼光的《練兵實紀》詳細地介紹了明代兵器的種類，而錘已經在其外了。由此錘已被軍隊所廢棄。以後錘向武術方面轉移了。

　　錘大體有長柄錘、短柄錘、鏈子錘等。也有分爲硬錘、軟錘的。長柄錘多單用，短柄錘多雙使。由於錘的特點各一，使用方法也大不一樣，故俗話說：「硬錘打涮，軟錘打悠。」短柄錘多沉重，使用時硬砸實架，其用法有涮、拽、掛、砸、架、雲、蓋等。軟錘（如鏈子錘、流星錘等）多走悠勢，講究巧勁。

　　下面對各種錘類作一介紹。凡雙錘者，皆列入第四章雙兵械類中介紹。凡長錘者已列入第二章長兵械類中介紹。本章中錘類，僅介紹短械也。

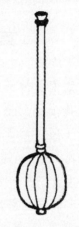

圖 26-1　棒錘　　　　　　　圖 26-2　少林銅錘

（1）盧鼓椎：形似鼓。出《全史·手語塔傳》：「好用鼓槌擊人，世呼曰『盧鼓椎』。」椎又稱為錘。

（2）鐵椎：又稱鐵錘，古兵器。《史記·信陵君》：「朱玄袖四十斤鐵椎，椎殺晉鄙。」

（3）鐵槌：錘的一種。古兵器。《六韜》：「方首鐵槌，一名天槌，敗步騎群寇。」

（4）棒錘：其形如棒，故得其名。主要用法與錘相同（圖 26-1）。

（5）少林銅錘：全長二尺五寸，頭長八寸。明代悟雷和尚練此器械（圖 26-2）。

第八節　鐮類

鐮　古代稱之刈鉤，屬於農具，後演變為武術器械。清代八旗和綠營裝備有鐮，作為近戰的主要武器之一。

圖 27-1 鐮

圖 27-2 風車鐮

　　鐮有長短之分，也有雙使的。有關鐮的實用價值和特點，在第二章長兵械一類中已作過詳細介紹，在此不再贅述。本章中爲短兵之鐮，現介紹如下。

　　（1）鐮：武術器械。是槍與鐮刀相結合的兵器。其大體可分爲長柄和短柄。長柄鐮多爲單使，短柄鐮多爲雙用。鐮大體可分爲鐮首、鐮柄、鐮把三個部分。用法有鈎、割、掛、截、崩等（圖 27-1）。

　　（2）風車鐮：關有一十字交叉的鐵鐮，形如風車，故名（圖 27-2）。

　　（3）鳳凰鐮：短兵器械。由槍頭和鐮合成。槍頭爲四棱形，中有脊，兩邊薄刃，鐮橫於槍頭之下，一則爲鐮刀狀，頭向下倒鈎，鐮身爲四棱形狀，中有脊，兩邊薄刃；另側爲三叉形狀，鐮身尾端有突出鐵刺三個。尾爲鐵刺狀，長約二寸，尾部中空，可插於其內。柄爲木製，頭略細，尾略

圖 27-3　並頭鐮　　　圖 27-4　雞爪鐮　　　圖 27-5　採鐮

粗，約寸半，柄長三尺。前可刺、勾、割；後可勾、刺，具有一器多用的功能特點。可以單使，也可雙練。

（4）左翼鐮：短兵器械。長二尺半，以彎木製，頭部有一向左突出之鐮，約尺餘，鐮尖銳利，柄末有孔，可穿繩。為明代軍中所用。

（5）並頭鐮：在同一處有二個方向相反的鐮。故得名（圖 27-3）。

（6）雞刀鐮：又屬奇門兵械。俗稱「梱花腰子」。為心意拳門器械之一。相傳為形意拳創始人姬隆豐所創，長二尺六寸餘，金屬製成，由鐮身和鐮柄組成，鐮身包括雞嘴、雞冠、鐮刃、鐮脊；鐮柄有鐮格、鐮首。技法有鉤、拉、帶、挎、掛、啄、纏等，以近戰為主。套路有單練和對練。

（7）雞爪鐮：長約一尺五寸，鐮首長約三寸，為一個雞爪形鐵鉤，故名（圖 27-4）。

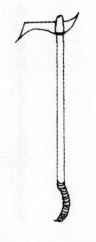

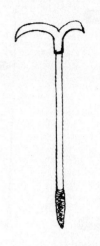

圖 27-6　少林草鐮　　　　　圖 27-7　少林草鐮

（8）採鐮：槍頭上有一小鐮（圖 27-5）。

（9）少林草鐮：全長一尺九寸六分，頭長六寸，寬九分，有尖、有刃。清代如容高僧精此械（圖 27-6、圖 27-7）。

第九節　拐類

拐　武術器械。古代兵器。俗稱「拐子」。由民間老人之拐杖而演變成的一種武術器械。由鐵製或木製。按其形式可分爲長拐和短拐兩類。長拐一般長四尺。拐柄爲圓柱形。在其柄端垂直處，有一突出之橫拐。使用時可雙手持柄，也可一手持柄一手持拐。短拐多作丁字形，長不足三尺。短拐可雙拐同使，也可以與刀劍之類兵器同使。有關雙拐種類，歸第四章雙兵械中再作介紹。現介紹部分單拐的種類。

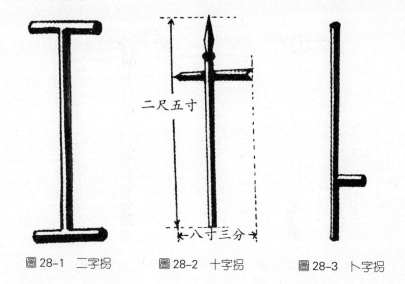

圖 28-1　二字拐　　　　圖 28-2　十字拐　　　　圖 28-3　卜字拐

（1）**二字拐**：屬短拐的一種。在柄的兩端各有一橫拐，二橫拐與柄垂直，因上下橫拐構成「二」字形，故名（圖28-1）。

（2）**十字拐**：柄為木製，長約二尺五寸，橫柄長八寸三分，柄上端裝一矛頭，下為握把。橫把左面為尖刺，右為月牙鏟。可三面擊人。拐呈十字形，故名。其橫豎把相交處有四個直角，具有架、格、撥、攪等功能（圖28-2）。

（3）**卜字拐**：短拐的一種。柄上端，垂直置一橫柄，呈「卜」字形，故名（圖28-3）。

（4）**刀槍拐**：柄一端有一刀，另一端有一槍頭，柄帶刀一端較大，近槍頭端有一橫柄。刀槍拐既有刀槍的作用又有拐的功能（圖28-4）。

（5）**上下拐**：短拐的一種。在拐柄的上下兩端各有一突出之橫柄。故名（圖28-5）。

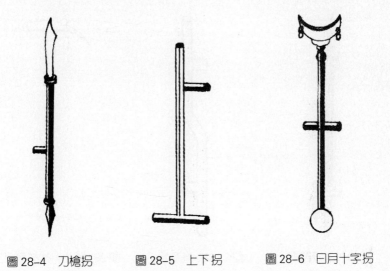

圖 28-4　刀槍拐　　　圖 28-5　上下拐　　　圖 28-6　日月十字拐

（6）日月十字拐：拐柄一端有一月牙形鑔，另一端有一圓形鑔。拐柄中央有一橫穿於拐柄的橫柄（圖 28-6）。

（7）孫臏拐：拐柄的頂端有一略帶凹形橫柄。橫柄兩端繫有彩綢。又稱「浮萍拐」（圖 28-7）。

（8）沉香拐：總長三尺二寸，柄長二尺四寸。近柄端處側出一把手，長三寸五分。頭如月牙，圈口約六寸。

（9）柳公拐：總長五尺餘，兩端有一對稱的刀頭，約一尺，刀刃朝同一方向刃面微彎，刀背各有九環。拐柄為木製。柄與刀刃同側有兩月牙刃朝外，同牙下各為握手。主要流傳於福建一帶。

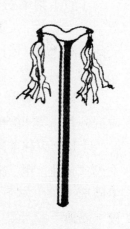

圖 28-7　孫臏拐

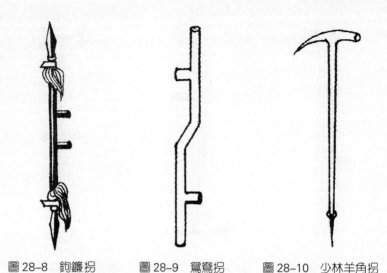

圖 28-8　鉤鐮拐　　　圖 28-9　鴛鴦拐　　　圖 28-10　少林羊角拐

　　（10）鉤鐮拐：短拐的一種。拐柄的兩端各有一鉤鐮槍頭。距拐柄兩端各三分之一處，均有一突出之橫柄。橫柄方向相同。用法兼有槍、拐之特點（圖28-8）。

　　（11）索萊拐：「索萊」是索乃太的轉音，意為「聖行」、「武力」。是流傳在回族群眾中的阿拉伯語詞匯。由於此拐像魚翅，所以漢名又叫「魚翅雙拐」。其演練方法以勾、掛、刺、帶、砍為主。

　　（12）鴛鴦拐：短拐的一種。拐柄中間有一彎曲。拐柄兩端各有一突出之橫柄，方向相反（圖28-9）。

　　（13）少林羊角拐：少林派稀有兵器。柄長三尺餘，粗不盈寸，且上粗下細。頂部有羊角樣拐頭，尾部有尖和不帶尖兩種，帶尖如矛。用山間硬木旋製而成。平時可用作拐杖，遇敵手握拐頭，掄、打、砸，得心應手（圖28-10）。

　　（14）少林牛角拐：角長八寸四分，杆長二尺七寸三

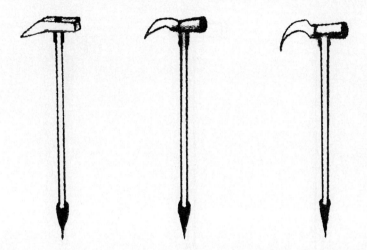

圖 28-11　少林牛角拐　　圖 28-12　少林牛角拐　　圖 28-13　少林牛角拐

分。清代淳念高僧練此械（圖 28-11、28-12、28-13）。

第十節　杖類

　　杖　一種屬棒類的短兵械之一。通仗。唐玄應《一切經音義》說：「人所執持爲仗，仗亦弓、稍、杵、棒之總也。」

　　杖的種類很多，如挑杖、竹節杖、九節杖、鑌鐵杖、二龍戲珠杖、盤龍杖等。現在流傳的「達摩杖」亦屬此類。宋代《楊家將》裡的佘賽花老太君擅使龍頭杖，在朝中奸臣賊子皆懼之，其武功也天下俱聞。現介紹一部分杖的種類。

　　（1）**達摩杖**：按使杖者手握把比例定杖的長度。一般長度為十二把，橫把柄為兩把。達摩杖歷史悠久，它是按著

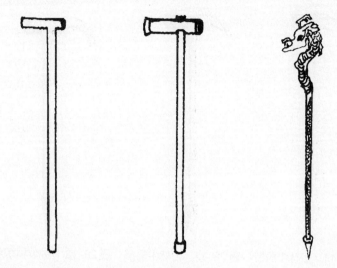

圖 29-1　達摩杖　　圖 29-2　少林達摩杖　　圖 29-3　少林龍頭杖

攻守、進退、虛實、剛柔等規律構成武術器械套路。共八趟，每趟六杖，計四十八杖。拳家曰：「達摩杖法四十八，裡裡外外它看家，子丑諳習人難見，遇到強手顯杖法。」久練達摩杖不僅有攻防巧妙特點，更有調氣、養血、舒筋、堅骨、生肌的健身作用，又能達到增強體質之目的。

達摩杖用單手或雙手持杖，兩頭兼用，使用鉤、鐮、拐、棍中的勾、掛、抱、架、撥、撩、崩、點、擊、戳、劈、掃十二種主要技法（圖 29-1）。

（2）少林達摩杖：全長二尺五寸，把長六寸六分。宋代福居，明代宗鄉，清代玄慈、貞俊、貞緒、貞和等精練此器（圖 29-2）。

（3）少林龍頭杖：比一般杖稍長些。元代裕明，明代周福，清代清蓮等精練此器（圖 29-3）。

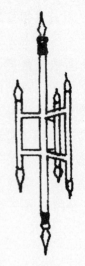
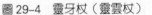
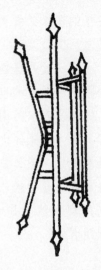

圖29-4　靈牙杖（靈雲杖）　　圖29-5　少林靈牙杖（靈雲杖）

（4）靈牙杖（靈雲杖）：源於明末清初。全長約三尺，由四杆組成，中間最長，兩旁另立三根短杆約一尺二寸。杖兩頭均呈尖狀（圖29-4）。

（5）少林靈牙杖（靈雲杖）：長二尺七寸五分，短杖長一尺二寸。明代圓勝和尚精此器（圖29-5）。

第十一節　扇類

扇　屬短兵械之一。由扇面和扇骨組成。扇面爲絲、綢、絹、紗等製成。扇骨爲竹篾或鋼、鐵所製。扇原用於夏季納涼，多用芭蕉扇、紙扇、擅香扇等。也有用於室內裝飾的，多以各種高檔扇類爲主，有骨扇、木扇、大扇等均配有各式漂亮圖案。用於中醫治病的以柏木扇爲主。而用於氣

功治病養生的多以武當太極金扇功爲主。用於武術技擊的多以鐵扇爲主。

扇子，比一般兵器簡單、攜帶方便。可收攏藏於包內，也可插於腰間。輕便的也可插於後衣領之內，但真正能練好扇子功，卻非易事。河南豫劇導演牛得草先生，在扮演《七品芝麻官》中，將未開之扇盤旋於五指之中，翻舞起扇花，使觀眾嘆爲觀止，望莫能及。深知其在扇子上是花了很大心血的。還有乾隆皇帝遊江南之時，一把扇子從不離身。可見扇子的功用與價值，是十分可貴的。現介紹幾種不同的扇子，以饗讀者。

（1）鐵扇子：長一尺二寸，扇骨爲鋼或鐵製，扇面爲絲或短紗所製，其邊鋒有鋒利的刺刃。此扇合攏如鐵棍，可擊可打，展開似刀，可砍、可劈，亦可上遮下擋以防暗器。它的特點是：一物多用、既可扇風祛暑，又可防身御敵。技擊又能剛柔相濟，攻守兼備，變化多端（圖30-1）。

（2）少林鐵扇子：長一尺二寸，有十八股、二十四股、三十六股。清代祖月高僧精練此械（圖30-2）。

（3）少林天罡劈水扇：扇把長九寸，扇身長一尺二寸，寬六寸，全長二尺一寸，頭有纓尾。明代覺訓，清末如淨、貞秋等練此械（圖30-3）。

（4）武當太極金扇：係武當派練氣養生功法的一種扇子。太極金扇功源於唐代，由皇宮內桃花扇舞衍化而來，迄今已有千年之歷史。其扇功法有：採天地之氣、排體內病氣、摩扇、旋扇、穿扇、顫扇、雲扇、翻扇、點扇等。適合中老年舞練（圖30-4）。

圖30-1 鐵扇子

圖30-2 少林鐵扇子

圖30-3 少林天罡劈水扇

圖30-4 武當太極金扇

第十二節　盾牌類

　　盾　是一種手持格擋、掩蔽身體，抵禦敵方兵刃、矢石的防禦性的兵械。古代稱干。亦稱盾牌、旁牌、犀渠、傍牌、彭排、伐櫓、瞂、楯、擋箭牌、吳魁、露見、水絡等，盾呈長方形或圓形，其尺寸不等，一般長方形盾，長二尺三寸以上，寬約一尺一寸以上。圓形盾直徑約二尺三寸。

　　盾以皮革、杞柳、藤條或木板製成。南北朝和唐代曾出現過銅盾、鐵盾，因過於笨重未能沿襲。盾的中央向外凸出，形似龜背，內面有數根繫帶，稱爲「挽手」，以便使用時抓握。

　　相傳黃帝時代，就已經形成了盾。殷代甲骨文和銅器上就有盾的記錄，至周代盾已裝備了軍隊。據《釋名·釋兵》曰：「盾，遁也，跪其後避以隱遁也。」《周禮·夏官·司兵》載：「司兵掌五兵五盾，各辨其物，與其等以待軍事。」王昭禹曰：「五盾則援兵，舞者之盾，貳車之盾，乘車之盾，旅賁虎士之盾，藩盾凡五。」

　　盾初始以藤條編製，其後形式繁多，有木製、皮製、鐵製、銅製等。晉六朝時有鐵楯銅首，光亮照人，體不笨厚，面不闊大，能隻手高舉而禦矢石。《武備志》載：「牌之製，其來久矣。武經載牌有二：一曰步，其式上。二曰騎，其式圓。然騎用牌非利器。如南方卒兵用圓牌，而間之以腰刀，先以標槍，亦一奇也。苗人用木牌。近世朝鮮人以牌而間鳥銃，皆可法也。」

　　歷代軍隊都大量運用盾作爲防護武器。盾雖只能用以防

圖31-1 盾

圖31-2 長牌

禦，但常配以刀槍，也能發揮很大的進攻能力。盾法主要
有：騰、躍、撲、滾、伏、竄、踔、蹲等。

盾牌作為武器套路較為流行的有：矛、盾對打；盾牌刀
進棍；盾牌刀進槍；三節棍進盾刀等。下面介紹幾種不同的
盾牌。

（1）盾：為古代禦敵防身之重要短兵械之一（圖31-
1）。

（2）干：盾的別稱。漢•楊雄《方言》卷九：「盾，自
吳而東或謂之干。」又小盾為干。

（3）干櫓：小盾稱為干；大盾稱為櫓。《禮•儒行》：
「禮儀以為干櫓。」

（4）木絡：盾的一種別名。《釋名•釋兵》曰：「前述
露見，改之以縫編極，謂之木絡。」參見盾條。

（5）木排：彭排的一種。參見彭排條。

（6）長牌：為步兵所用。式樣多為長方形，可以掩護
身體，防止敵人的兵刃矢石所傷。通常與刀、劍等兵器配合
使用（圖31-2）。

（7）**手牌**：古代步兵旁牌的一種。手牌長五尺七寸，當中窄而兩頭寬。中窄處為一尺，兩頭寬處為一尺三寸。它以白楊木或松木製成，輕便而堅實。其正面繪有虎形彩繪，後面有把手，可供攜帶。

（8）**排**：即盾牌。《周書·劉雄傳》：「雄身負排，率所部二十餘人，據塹力戰。」

（9）**皮排**：是一種皮製的彭排。參見彭排條。

（10）**團排**：是一種圓形的彭排。參見彭排條。

（11）**吳魁**：盾的一種別名。《釋名·釋兵》曰：「盾，遁也，跪其後避之而隱遁也。大而平者曰吳魁，本生於吳，為魁帥所持者也。」參見盾條。

（12）**吳科**：盾的別名，為大而平的盾。《楚辭·九歌》：「操吳戈兮披犀甲。」王逸注：「或曰『操吳科』。吳科，盾之名也。」

（13）**撥大盾**：《史記·孔子世家》載：有矛、戟、劍、撥。《注》：「撥（音伐），謂大盾也。」

（14）**步盾**：《釋名·釋兵》：「（盾）狹而長者曰步盾，步兵所持，與刀相配者也。」

（15）**背嵬**：《章氏稿簡》曰：「贅筆背嵬，即圓牌也；又圓牌亦作團牌。」

（16）**旁牌**：即盾。傍牌的別名。木質，皮革裹束，騎兵為圓形，步兵為長形（載於明·茅元儀《武備志》）。參見「傍牌」條。背面（圖31-3）、正面（圖31-4）

（17）**握牌**：即盾。步兵旁牌的一種。長五尺，闊一尺五寸，上窄下寬，常以白楊木製，正面繪有彩色圖案，反面有把供手攜帶。

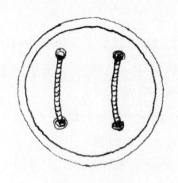

圖 31-3　旁牌　　　　　　　　圖 31-4　旁牌

（18）**挨牌**：即盾牌。白楊木製，長五尺，闊一尺五寸，上比下略小凹五分，正面繪龍頭（載於明・茅元儀《武備志・軍資乘・器械》）。

（19）**騎牌**：為騎兵所用的盾。其式樣多為圓形，後有軟帶或把手，可套繫於左臂，御飛矢。參見盾條。

（20）**彭排**：盾的別名。《釋名・釋兵》曰：「彭排，彭旁也，在車旁排敵禦攻也。」《唐大典・武庫令》載：「彭排之制有六。一曰膝排，二曰團排，三曰漆排，四曰木排，五曰聯木排，六曰皮排。」參見盾條。

（21）**聯木排**；彭排的一種。屬盾。參見彭排條

（22）**傍牌**：盾的別名。《兼名書》載：「干，一名楯，一名櫓。漢書曰：血流漂櫓，櫓即干，俗稱呼為傍牌，或作傍排，逸雅又為彭排。」參見盾條。

（23）**犀渠**：盾的別名。《吳都賦》曰：「戶有犀渠，注：『犀渠盾也』。」參見盾條。

（24）**滇盾**：盾的一種。又名「羌盾」。《釋名・釋兵》：「盾，隆者曰『滇盾』，本出於蜀，蜀滇所持也。或

曰羌盾，言出於羌也。」

（25）楯：通「盾」，即「藤牌」。《左傳·定公六年》：「樂祁獻楊楯六十於趙簡子。」曹丕《典論·自敘》：「俗名雙戟為坐鐵室，鑲楯為蔽木戶。」

（26）膝排：彭排的一種。屬盾，參見彭排條。

（27）碟：盾的一種。圓形，常以藤製。正面中心向外突起，四周有一圈外翹之邊。後面有軟帶或環可作握手之用。碟的大小為二尺至二尺五寸不等。

（28）櫓：盾的一種。古代稱大盾為櫓。《左傳·襄十年》：「狄虒彌建大車之輪，而蒙之以甲，以為櫓。」

（29）燕尾牌：步兵旁牌的一種。燕尾牌寬一尺，長約五尺，上部平，下部呈燕尾形，故得其名。燕尾牌正面從上至下當中略突，二面略低，形如魚背。面面繪有彩畫。反面與把手可供攜帶。燕尾牌以槍木或椆木製之，質輕而硬。用時，人伏於牌後，側身而進。因此牌雖小，但足以抵擋矢石（圖31-5）。

（30）藤牌：呈圓形，內以大藤為骨架，再用藤條編製而成，具有體輕堅韌等特點。據明·戚繼光《紀效新書》卷十一《藤牌總說篇》載：「以藤為牌，近出福建。」（圖31-6）。

（31）露見：盾的別名。《釋名·釋兵》曰：「盾，約脅而鄒者，曰陷虜，言可以陷破虜敵也，今謂之曰露見是也。」參見盾條。

（32）少林盾牌：為少林僧人防身擋箭所使用（圖31-7）。

（33）木立牌：宋代的木製盾牌（圖31-8）。

圖 31-5 燕尾牌

圖 31-6 藤牌

圖 31-7 少林盾牌

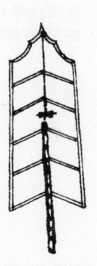

圖 31-8 木立牌

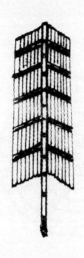

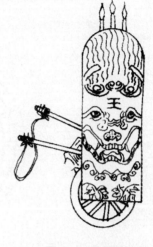

圖 31-9　竹立牌　　　　　　圖 31-10　無敵神牌

（34）**竹立牌**：宋代的竹製盾牌（圖 31-9）。

（35）**無敵神牌**：宋代的一種帶車防護牌（圖 31-10）。

第四章 雙兵械種類

雙兵械：泛指雙手均持兵械進行操演的練法，根據所握器械的異同，可分為雙手握持同種器械和握持不同種器械兩類。前者如雙刀、雙劍、雙槍、雙鉤、雙鞭、雙鐧、雙錘、雙鉞、雙斧、雙圈、雙匕首、八卦龍形針、峨嵋刺等。後者如拂尖劍、盾牌刀、單刀加鞭等。

雙兵器練習起來比較困難，必須左右兼顧，初學時一不留神，還會自己打自己，自己傷自己。待一番苦練之後，方能得心應手，應用自如。古代擅用雙器械的英雄好漢甚多。如竇爾墩擅使虎頭雙鉤，宋代《水滸傳》中的黑旋風李逵所使雙斧，使敵人聞風喪膽。《岳飛傳》中的岳雲等四人擅使雙錘，增添了八錘大鬧朱仙鎮的傳奇色彩。還有陸文龍所使雙頭雙槍力大無比，驍勇過人。所以直至現代的武術鍛鍊項目中，尚有不少愛好者仍在習練雙器械。本章中分長雙兵械，短雙同種兵械和短雙異樣兵械，小雙兵械等。分別介紹各類雙兵器械。以便於讀者和廣大武術愛好者們辨別和進一步了解它。現將雙兵械的種類介紹如下。

第一節 長雙械類

（1）**雙棍**：兩棍長度一樣，一般與持棍者的身高差不多。使雙棍要比使單棍難度大得多，初練時兩棍不匀調，容

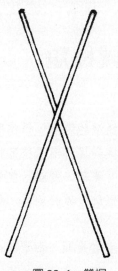

圖 32-1　雙棍

圖 32-2　單頭雙槍

易互相碰撞，久練後方能掌握。雙棍
練舞花兩手應錯開方位，若左手在
前，右手必在後，左上則右下，如此
雙棍才不致相碰。雙棍與單棍材料一
樣，多以木蠟杆為主，但棍根與棍梢
粗細比例不能相差太多（圖 32-
1）。

　　（2）單頭雙槍：採用白蠟杆為
槍杆，鋼製棱形槍頭，槍頭和槍杆相
接處繫紮紅纓。單槍的長度，等於使
槍者身高的一人一手高。雙槍則稍短
一些（圖 32-2）。

　　（3）雙頭雙槍：在白蠟杆的兩

圖 32-3　雙頭雙槍

頭均裝上槍頭，雙槍共有四個槍頭皆配有紅纓。雙槍的長度與單頭雙槍同，但盡量取兩頭粗細差不多的材料為槍杆（圖32-3）。

第二節　（短雙械）刀類

（1）雙刀：刀的形狀與單刀基本相同。只是刀盤僅有一半，在雙刀對合的一側無刀盤，這樣雙刀方能合攏。另一側為半個護手盤，雙刀合併，似一刀也。刀鞘口上有一小銅或鐵片相隔，使雙刀從隔片兩側插入一鞘內。雙刀的刀把彩綢應是對稱的（圖33-1）。雙刀舞練時，比單刀要難得多，行家皆知，單刀左臂難防，雙刀兩耳難防。待練熟之後，必能得心應手。

（2）蝴蝶刀：雙刀的一種。步戰用刀。此刀一鞘二刀，雙手同時使用。刀身短，刀把上有護手。刀法以黏貼為

圖33-1　雙刀

圖 33-2　少林雪花亮銀刀　　　　圖 33-3　盾牌刀

主。

（3）鴛鴦刀：雙刀的一種。屬步戰用刀。此刀一鞘二刀。其刀把各呈半圓形狀，二刀合攏其刀把合成圓形，如同一刀。

（4）少林雪花亮銀刀：全長三尺。少林寺湛舉、恆林、貞俊、貞緒、貞和等擅使此雙刀（圖 33-2）。

（5）盾牌刀：指演練者雙手所握持不同的雙兵器，一般是左手持盾以防敵方遠射之箭或格擋其他兵械之用。右手持刀為乘虛攻敵之用（圖 33-3）。

（6）單刀加鞭：兩手握持異樣雙器械也。一手持單刀，另一手持九節鞭同時舞練。難度很大（圖 33-4）。

（7）乾坤日月輪刀：短雙器械之一。輪呈日月相交狀並有五把刀向外展開（圖 33-5）。

圖33-4　單刀加鞭

圖33-5　乾坤日月輪刀

第三節 （短雙械）劍類

（1）**雙劍**：雙兵器之一，兩劍合攏似一劍。雙劍的劍格（護手盤）各為一半，對合的一面為平面，使兩劍合為一體。劍身與單劍不同之處為單劍兩面有脊，而雙劍僅一面有脊，對合面為平面，兩劍柄首分別各配一根單劍穗。雙劍同歸一鞘（圖34-1）。

（2）**少林子母鴛鴦劍**：少林雙兵之一。全長三尺，為歷代少林僧徒習武防身之用（圖34-2）。

（3）**龍鳳雙劍**：雙兵器之一。浙江龍泉出此劍，在兩劍有脊的一面分別配有龍（為右手所使之劍）、鳳（為左手所使之劍）圖案。兩劍柄首各配一根雙劍單穗。雙劍同入一鞘（圖34-3）。

（4）**雌雄劍**：古代雙兵之劍。舞練技法與其他雙劍

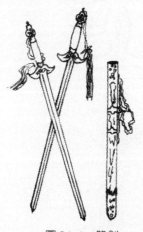

圖34-1 雙劍

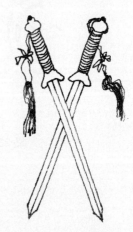

圖34-2 少林子母鴛鴦劍

圖34-3　龍鳳雙劍　　　　　圖34-4　拂塵劍

同。但製此劍之材料甚是高級。雌劍為左手使，雄劍乃右手使也。

（5）拂塵劍：古代異樣雙兵之一。乃道家所使之兵械也。由一把拂塵與一把單劍組成（圖34-4）。

第四節　雙鞭類

（1）雙鞭：古代短兵械之一。銅或鐵製成，竹節形，故又稱「竹節雙鞭」（圖35-1）。使用時雙手各執一把，舞練技法主要有：撐、掉、點、截、擋、盤、掃等。

（2）雙俠鞭：雙俠鞭呈圓柱形，護手呈朝天角（圖35-2）。

（3）兩儀鞭：雙兵器械之一。兩儀鞭長三尺。鞭身為銅製，呈菱形狀，無刃，但菱角分明。護手叉前粗為八分，頂端為六分。握手處如劍把，長六寸，尾端有八楞形銅鑄。

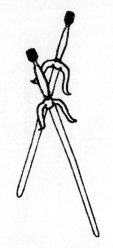

圖 35-1　雙鞭　　　　　　圖 35-2　雙俠鞭

護手為叉狀，寬約六寸，向前突出四寸而分向而出。其用法
如雙鞭。

第五節　　雙鐧類

（1）凹面雙鐧：為近代銅或鐵製成的短兵械之一。鐧
的四面向內凹陷，故有「凹面金裝鐧」，「凹面鐧」等別
稱。鐧的大小長短，因人而定，一般鐧的長度在 65～80 公
分之間（圖 36-1）。

（2）清代的雙鐧：鐧有形狀上寬下窄（圖 36-2）。

（3）少林雙鐧：少林雙兵械之一。全長三尺半。元代
子安，明代同隨，清代真珠、海參、湛舉等精此械（圖 36-
3）。

圖 36-1　凹面雙鐧

圖 36-2　淸代的雙鐧

圖 36-3　少林雙鐧

第六節 雙斧類

（1）**板斧**：短斧的一種。斧頭刃闊五寸，雙面開刃，頸長八寸，尾厚刃薄。柄長三尺，可作兵器之用。一般為雙斧併用，較少單用者。力大者方可使用（圖37-1）。

（2）**雙板斧**：屬雙短兵器。斧頭呈扇形，柄長二尺五寸至三尺。用時左右手各持一斧。其用法有掄、劈、砍、扎、由、雲、撩、掛、削、掃等（圖37-2）。

（3）**鳳頭雙斧**：由月斧、曲刃、鳳頭、護手盤、斧柄、尖鐵等部分組成（圖37-3）。

（4）**少林宣花斧**：少林雙兵器之一。杆長二尺七寸，頭長六寸九分，兩尖寬距七寸五分。元代智安練此器（圖37-4）。

圖37-1 板斧

圖37-2 雙板斧

圖 37-3 鳳頭雙斧

圖 37-4 少林宣花斧

第七節 雙戟類

（1）**少林雙戟：**全長三尺五寸。元代智安、明代覺訓、清代湛舉等精此器（圖38）。

（2）**雙戟：**屬短雙兵器。戟頭有一月牙，中間戟頭形似槍頭，戟上懸有彩綢。雙戟長三尺半至四尺不等，視用者體力而定。用時兩手各執一戟。

（3）**回族雙戟：**短雙戟的一種，是回族的傳統兵器。長約一尺半至二尺七寸，上部由雙月牙和蛇矛頭組成，呈扁形，三面有棱；中部連接為木質或鐵製，僅佔總長三分之一，也是握手處；下部由三棱錐組成。演練時

圖38 少林雙戟

雙手揮動器械，動作勇猛剛健，勢不可擋，具有回族人民悍勇的特點。

（4）鉞牙戟：短雙戟和鉞的一種，長二尺，握手處長六寸，為扁平狀，上扎布帶，兩端各有一六寸半長尖刺，刺尾由三個突出的圓球連接而成，刺為圓錐狀，頭部有尖角。握手處兩端由鐵杆向上連出，上有一月牙形護手刃。刃為薄片，由把手處向外逐漸變薄而銳利，兩角外翹，尖而鋒利。此戟雙手各執其一。

第八節　雙鉤類

（1）虎頭鉤：短雙兵械。虎頭鉤長四尺。其形似虎頭，弧形較大而圓。握手處有一月牙形護手刃。

（2）鳳頭鉤：短雙兵械。鳳頭鉤長三尺有餘，其鉤形如鳳頭，頂端弧形圓潤而秀美。中部有一個套，握手處有月牙形護手刃，用時左右二手各持一鳳頭鉤。

（3）鐮鉤：短兵雙械。其鉤身上有一鐵鐮，握手處有一月牙形護手刃（圖 39-1）。

（4）護手雙鉤：短雙兵械。其鉤之頂端高聳，鉤尖鋒利，握手處有一月牙形護手刃（圖 39-2）。

（5）梅花鉤：短雙兵械。其鉤身上有梅花形圖紋，握手處有一月牙形護手刃（圖 39-3）。

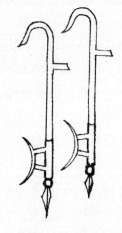

圖 39-1　鐮鉤

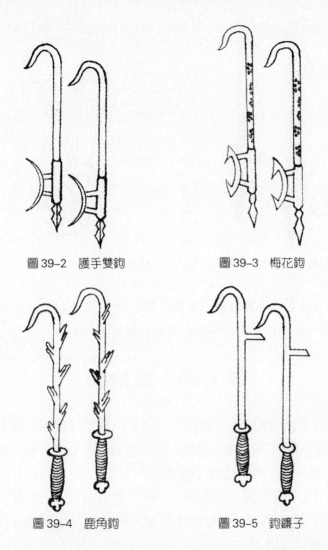

圖 39-2　護手雙鉤　　　　　圖 39-3　梅花鉤

圖 39-4　鹿角鉤　　　　　　圖 39-5　鉤鐮子

（6）**鹿角鉤**；短雙兵械。其鉤身上有鹿角形鐵刺，故得其名。其鉤無護手月牙刃（圖 39-4）。

（7）**鉤鐮子**：短雙兵械。其鉤身上有鋒利的鐵鐮，無護手月牙刃（圖 39-5）。

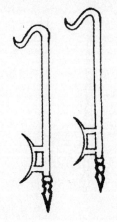

圖39-6　少林雙手鈎

圖40-1　八棱錘

（8）少林雙手鈎：全長二尺八寸，月牙長七寸五分，柱長一寸五分。清代德恆和尚精此械（圖39-6）。

第九節　雙錘類

（1）八棱錘：短雙錘的一種。因錘呈八棱形，故名。其柄約四尺，用時雙手各持一錘。主要擊法有涮、曳、掛、砸、擂、沖、雲、蓋等（圖40-1）。

（2）金瓜錘：短雙錘的一種，其柄短，錘頭形狀如瓜可用來硬砸硬架。主要擊法有涮、曳、砸、掛、擂、沖、雲、蓋等（圖40-2）。

（3）雷公錘：雙短兵械的一種。雷公錘其形如圓柱形，短柄。主要用法與金瓜錘相同（圖40-3）。

（4）螺絲錘：雙短兵械的一種。螺絲錘其形如鐵螺絲狀，故得其名。主要用法與金瓜錘相同（圖40-4）。

圖 40-2　金瓜錘

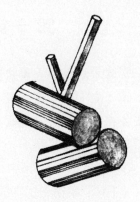

圖 40-3　雷公錘

圖 40-4　螺絲錘

圖 40-5　臥瓜錘

（5）臥瓜錘：短雙兵器的一種。其形與金瓜錘相似，惟錘頭如橫臥之瓜，故得其名（圖40-5）。

第十節 雙拐類

拐的形狀較多，擊法變化多端，雙拐擊法主要有：掃、撥、摟、蓋、轉、磕、架、攔、纏頭等技法。有關拐的特點和主要內容已在第三章短兵械中介紹，在此不再贅述。現僅介紹數種雙兵器拐類。

（1）丁字拐：①在豎拐頂端有一與之垂直的橫拐，成「丁」字形，故名（圖41-1）。②器械套路。屬八卦門，總長三尺，木製。此套路的特點是走轉，扣擺轉換，結構嚴謹，剛柔相濟，行如流水，連綿不斷，靈活多變，形神兼備。拐法有掃、拍、蓋、刨、雲、砸、撩、絞、戳等法，實戰性強。

（2）牛心雙拐：用檀木或山棗木等硬質木料製成。牛心形頂端有一圓滑把手，牛心上橫一個棒槌。長約二尺五寸，前端粗大，每一隻重八斤（圖41-2）。主要用法有砸、撩、掃、撥、架、纏頭花和搖轉把手等。

（3）牛角雙拐：屬短雙器械。拐柄以檀木、山棗木等硬質木材製成。每拐重約八斤。牛角上有一圓滑把手，並橫安著一個棒槌，長約二尺三寸，前端粗大。牛角雙拐二手併用，主要擊法有砸、撩、掃、撥、架、纏頭花等（圖41-3）。

（4）牛角裡拐（圖41-4）。

（5）葫萍拐（圖41-5）。

（6）浮萍拐（圖41-6）。

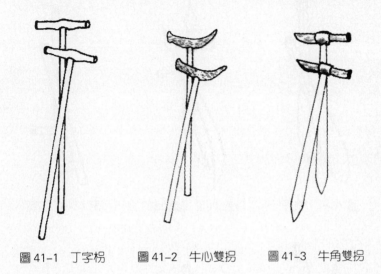

圖 41-1　丁字枴　　　圖 41-2　牛心雙拐　　　圖 41-3　牛角雙拐

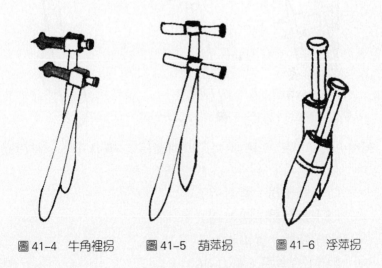

圖 41-4　牛角裡拐　　　圖 41-5　葫萍拐　　　圖 41-6　浮萍拐

圖 41-7　鴨子拐

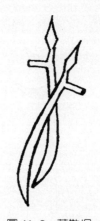
圖 41-8　蘇勒拐

圖 41-9　短拐

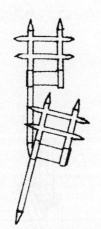
圖 41-10　八角拐

圖 41-11　少林轉堂拐

圖 41-12　少林沉香拐

（7）鴨子拐（圖 41-7）。

（8）蘇勒拐（圖 41-8）。

（9）短拐（圖 41-9）。

（10）八角拐（圖 41-10）。

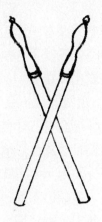

圖42 少林乾坤杖

（11）**少林轉堂拐**：長二尺七寸，兩把每個長四寸。清代寂袍法師練此械（圖41-11）。

（12）**少林沉香拐**：全長三尺七寸，拐頭長六寸五分。清代湛舉法師精此械（圖41-12）。

第十一節　雙杖類

少林乾坤杖：少林雙兵械之一。全長二尺五寸。元代智聚、明代洪榮、清代寂袍等精通此器（圖42）。

第十二節　各種短雙械類

（1）**日月鳳翅鑛**：鑛的一種，屬雙短器械。其長二尺，鐵製，直柄握手處兩端有蛇矛般槍刺。握手處長五寸，兩端與一圓形帶刃圈相連接。握手圈內有月牙護手刃，握手上包有布帶，兩端突出之蛇矛各長七尺五分，蛇矛狀槍頭兩

邊有刃，頭部尖銳。圓形刃圈當中隆起有脊，兩邊有刃。以鐵杆與握手處相連，用時一般雙手各執其一，具有刺、圈、鑲的功能，小巧靈瓏，變化多端。

（2）雞爪鐮牛頭：短雙器械。長三尺，杆以硬木製，粗可盈把，上紮彩綢，杆端套有四寸長銅箍，箍下有環，繫以紅綢，上有鐮頭，頂端有雙圓錐形槍頭，下有三枚鐵製雞爪，一側有兩枚叉尖平行而出，至頂端而略向左右分出，另一側有一枚，叉尖向下，鐮頭形如鐮刀，身寬頭尖，最寬處三寸有餘，向下一側有薄刃，銅套箍，紮有紅纓。用法兼有鉤、鐮、槍之特點。

（3）雙鉤鐮槍：雙槍的一種。屬短器械，槍長三尺餘，槍頭由槍、鐮、鉤組成。槍和鐮為一體製成，槍頭呈扁平棱形，槍刃鋒利，鐮如鐮刀形，長四寸，寬一寸，一邊厚易一邊薄而銳利；鐮尾為一空心套箍，套於槍柄前端。鐮的反向有兩個倒扎的鐵鉤，其尾端套於空心套箍之中，而固定在槍柄之上。槍柄粗一寸五分。握手之上有木質八角形護手，中有孔，穿鐵護手一個，鐵質護手粗如小指，一端穿於木孔之內彎曲而附於柄尾，作護手之用，另一端向上翹起，鉤鐮槍為雙手各執其一，兼有槍、鉤、鐮的功用。

（4）鳳凰刺：短雙器械。稀奇兵器之一。長三尺，棱形、頂端尖銳。護手前後均有一斜向上的鐵刺，長約六寸，中有脊，握手處為圓形，長約六寸。

（5）少林雙手鉞：全長三尺，少林主要雙兵之一。清湛義、寂敬、淳華等精此器（圖43-1）。

（6）少林閉血鴛鴦鑄：全長一尺八寸，前為扁片有刃鋒利。明代慈界、同喜，清代靜修、真靈精此術（圖43-

圖 43-1　少林雙手鉞

圖 43-2　少林閉血鴛鴦鎛

圖 43-3　少林鴛鴦鐸

圖 43-4　少林分水鏨

2）。

（7）**少林鴛鴦鐸**：少林短雙兵之一。把長一尺三寸五分，頭長一尺零五分。全長三尺四寸。明代周福和尚練此器（圖 43-3）。

（8）**少林分水鏨**：少林短雙兵之一。把長一尺二寸，頭長四寸五分，全長一尺六寸五分。明代悟雷高僧練此器（圖 43-4）。

（9）**少林閉血轎鴛鴦鏟：**少林短雙兵之一。腿長一尺八寸，爪長二寸四分，身長一尺零五分，全長三尺零九分。清末如淨練此器（圖43-5）。

（10）**少林雙鐮：**少林短雙兵之一。杆長二尺七寸，頭長六寸六分，寬一寸五分。清代祖良高僧練此器（圖43-6）。

（11）**少林五行輪：**全長三尺，輪內徑六寸長，清代寂聚、寂亭、淳錦、淳華精此器（圖43-7）。

（12）**少林狼牙棒：**全長三尺，頭長一尺三寸五分，寬三寸六分。屬少林短雙兵之一。清代清輪法師精此器（圖43-8）。

（13）**少林雙手鐵尺：**少林雙兵之一。長三尺三寸，把長五寸。元代智聚、子安，明代覺訓、清代真寶如修精此術

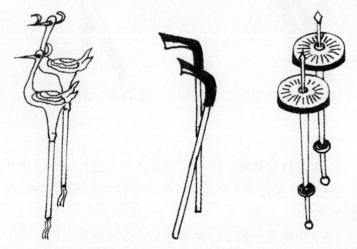

圖43-5　少林閉血鴛鴦鏟　　圖43-6　少林雙鐮　　圖43-7　少林五行輪

圖43-8　少林狼牙棒　　圖43-9　少林雙手鐵尺　　圖43-10　少林寶鏡

（圖43-9）。

（14）少林寶鏡：少林短
雙兵之一。全長二尺四寸，鏡
頭長七寸五分，寬四寸五分。
明代周福高僧精此器（圖43-
10）。

（15）少林短把追魂鏟：
少林短雙兵之一。全長三尺，
頭長八寸，明代了改、慶志，
清代湛義、淳念精此器（圖
43-11）。

圖43-11　少林短把追魂鏟

第十三節 （小雙械）圈類

圈 又名「環」。古兵器。用金屬製成的圓環。圓環的直徑約為25公分，環外緣大部有刃，並有一握手處。多用雙圈（即雙環）。主要技法有輪、砸、套、帶、格、壓等。常見的有乾坤圈、月牙圈、風火輪、雙環等。據史料記載圈出現在梁朝。《事物記源》載：「《通典》曰：『梁有舞輪技。』」至宋元時期，不少武士善用圈。宋眞宗咸平三年：「相國寺僧法山，本洛州人，疆姓。其族百口悉爲戎人所掠，至是，願還俗，隸軍伍以效死力，且獻鐵輪，撥渾重三十三斤，首尾有刃，爲馬上格戰具。」（載於《古今圖書集成》），下面介紹圈的種類。

（1）太乙日月乾坤圈：鐵製。呈圓環形，直徑尺餘，圈內有一月牙形護手（圖44-1）。

（2）日月風火圈：形似太乙日月乾坤圈。圈內月牙形

圖44-1 太乙日月乾坤圈

圖44-2 日月風火圈

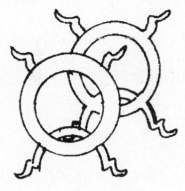

圖 44-3　乾坤圈　　　　　　　　　圖 44-4　輪

護手，圈外有2個外徑一寸八分，內徑六分的小圈（圖44-2）。

（3）乾坤圈：又稱陰陽刺輪、金剛圈。為元代蒙左軍所創。其形如手鐲，直徑為八寸。其圈四分之一為握手處，此處粗可盈把，為圓形，另四分之三為尖齒。呈扁平圓彎形。扁平處闊約寸餘。厚四五分。靠內緣處較厚。外緣處較薄而無刃。外緣上有鋒利的三角形齒若干。每刺長約一寸五分，刺尖彎轉，側向一方，如鋸齒形。彎轉處又有狼牙若干。銳尖薄刃，犀利無比。圈外緣除握手處外，均有圓錐小刺，頂端尖利，二刺間距為五六分。每圈有刺數十個。乾坤圈每隻重二至三斤。一革囊貯三個。並排而放，圈柄露於囊外。圈在高速飛行中割人面目頸項（圖44-3）。

（4）陰陽刺輪：乾坤圈的別名。

（5）金剛圈：乾坤圈的別名。

（6）輪：小雙兵械的一種。輪裡有半圓護手，輪邊有四個突出小彎角（圖44-4）。

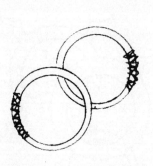

圖 44-5　少林如意圈

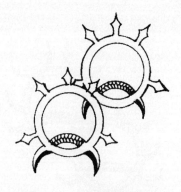

圖 44-6　少林乾坤烏龜圈

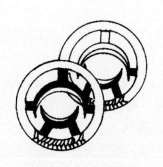

圖 44-7　少林鎏金鐽

（7）少林如意圈：少林小雙兵械之一。內徑七寸五分。清末如淨法師精此器（圖44-5）。

（8）少林乾坤烏龜圈：少林小雙兵械。內徑為六寸，戟長為七寸八分，刺長為三寸，手把高為四寸五分。明代玄敬法師精此器（圖44-6）。

（9）少林鎏金鐽：少林小雙兵械。外圓徑長為一尺零五分，中刺徑長為八寸，閑刺徑長為六寸二分。清代真珠高僧精此器（圖44-7）。

第十四節 （小雙械）匕首類

匕首的年代悠遠，石器時代即有石匕首。至商、周發展為青銅或鐵鑄成。至漢代軍中騎士多配有。晉代張載《匕首銘》云：「匕首之設，應速用近，即不忽備，亦無輕念。利用形彰，切以道隱。」

至唐代，佩帶匕首之風仍盛，唐·司馬貞《史記索隱》載：「劉氏曰『匕首，短劍也』。《鹽鐵論》中以為長尺八寸。《通俗文》謂：『其頭類匕，故曰匕首也。』」現今所用匕首，長約七八寸，多為鋼製，有單刃和雙刃之別，雙刃之匕首中有脊，兩邊逐銳，頭尖而薄。匕首的基本擊法有刺、扎、挑、抹、谿、格、剁、剪、帶等。其練法有單匕首練及匕首與其他兵器對練等。但一般匕首都為雙使。現介紹如下幾種匕首。

（1）匕首：劍體短的一種。別稱有短劍、小劍、叉子、插子（圖45-1）。

圖45-1 匕首

（2）石匕首：為石器時代的兵器（圖45-2）。

（3）小劍：匕首的古時別名。《聞奇錄》：「有衛士於腕間出彈子二丸，皆五色，叱令變化，即化雙燕飛騰，又令變，即化二小劍交擊，須臾復為丸入腕中。」《考工記・姚代為劍疏》：「漢時名小劍為匕首。」見「匕首」條。

（4）叉子：匕首別稱。見「匕首」條。

（5）短劍：見「匕首」條。

（6）插子：亦稱「攘子」，匕首的別名。

（7）羊角匕首：古代名匕首。《虞初志》：「有尼授聶隱娘羊角匕首，刃廣三寸，為其腦後藏匕首，而無新傷，用即抽之。」《說淵聶隱娘傳》：「隱娘自言，被一尼挈去，教之劍術，授以羊角匕首。」

（8）百辟匕首：古代名匕首。《典論》：「魏太子丕，造百辟匕首三，其一理似堅冰，名曰清剛；其二曜似朝日，名曰揚文，其三狀似龍文，名曰龍鱗。」

（9）清剛：匕首名。見「百辟匕首」條。

（10）揚文：匕首名。見「百辟匕首」條。

（11）龍鱗：匕首名。見「百辟匕首」條。

（12）兩刃匕首：匕首的一種，其形式為中脊，二邊有刃。《魏書・孫俊傳》：「於悅懷中得兩刃匕首，遂殺之。」

（13）徐氏匕首：古代名匕首。《典論》：「徐氏匕首，凡斯皆上世名器。」

（14）徐夫人匕首：古代名匕首。《史記・刺客列傳・荊軻》：「燕太子丹使荊軻刺秦王，豫求天下之利匕首，得趙人徐夫人匕首，取之百金。使工以藥粹之。以試人，血濡

圖 45-2　石匕首

圖 46-1　八卦龍形針

縷，人無不立死者，乃裝為遣荊卿。」

（15）**梅花匕**：匕首的一種。其形為兩端有槍頭的銳器，長約一尺二寸，鐵製，當中作握手用，其杆為圓形或方形，上纏綢帶，握手處有一個月牙形護手刃，使用時，一般左右兩手各持一匕。

（16）**銅匕首**：古代名匕首。《妖亂志》：「蕭勝納財於呂用之，求知鹽城。高駢有難色，用之曰：一寶劍在鹽城井中，須靈官取之，駢許之數日，勝獻一銅匕首，用之曰：此北帝新佩也，得之者，兵不敢犯，駢寶秘之，常持以坐起。」

（17）**虞帝匕首**：匕首的一種。《漢書・王莽傳》：「莽紺袀服，帶璽韍，持虞帝匕首。」

第十五節　（小雙械）針刺類

（1）**八卦龍形針**：武當兵械的一種。以鋼鐵製成，中間粗，兩頭細而尖，成圓錐體。中間有一鐵環鉚連，使用時套於中指，餘四指可緊握，也可鬆放，撥動鋼針使其轉動自如，用法有如峨嵋刺相似（圖 46-1）。

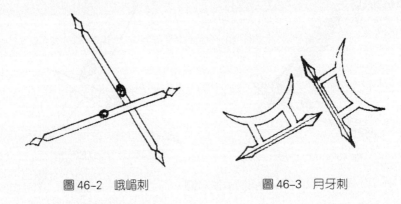

圖 46-2　峨嵋刺　　　　　　　圖 46-3　月牙刺

（2）峨嵋刺：短雙奇兵器。又稱峨嵋對刺或雙鋒撾。
原為水戰中使用的暗器，可在水中作刺殺或潛入水底鑿穿船
底之用，後改為陸上應用。長約一尺，兩頭細中間粗的錐形
體，頭略扁，呈菱形帶尖。刺身正中有一小孔，上鉚一鐵
釘，釘子可在孔中靈活轉動，釘下有一鐵環與之相連。練時
中指套於鐵環中，餘四指緊握刺身，當四指放開，運用抖腕
或四指的撥動，可快速轉動。演練時雙手各執一刺，擊法有
刺、穿、挑、撥、扎、架等（圖 46-2）。

　　（3）針棒：短雙器械，形如峨嵋刺，長約八寸，鐵
製。中間粗兩頭細，中有一孔，由鐵釘與環連接。一端為尖
錐體，一端為圓球形體，環為扁平狀，用時中指穿入環內，
手一搖，針棒隨之轉動，用法如峨嵋刺。

　　（4）月牙刺：小雙械的一種。護手兩頭有尖刺，護手
前有鉞似月形，舞練時雙手各執一把（圖 46-3）。

第十六節 （小雙械）鉞（yuè）類

（1）**護手鉞**：又名「輪刺」。握手周圍有四個小鉞。其中兩個小鉞位於近握把處兩頭，與中間的一大鉞相連接。大鉞的兩頭又與另兩小鉞相連接，使用時雙手各握一把（圖47-1）。

（2）**子母鴛鴦鉞**：即八卦鉞（圖47-2）。係八卦門器械之一。套路名稱有蟒行鉞、獅滾鉞、虎撲鉞、熊背鉞、蛇纏鉞、馬刨鉞、猴戲鉞、鵬展鉞。每一形鉞是一趟，八趟為一套，每趟鉞為二十四式，共計一百九十二式。

（3）**子午鴛鴦鉞**：小雙器械的一種，演練時雙手各持一把（圖47-3）。

（4）**雞爪陰陽鉞**：形如雞爪，舞練時雙手各執一把（圖47-4）。

（5）**少林護手鉞**：少林小雙械的一種。兩尖寬七寸八分，清末如淨法師練此器（圖47-5）。

圖47-1 護手鉞

圖47-2 子母鴛鴦鉞

圖 47-3　子午鴛鴦鉞

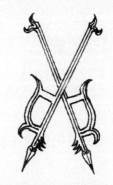

圖 47-4　雞爪陰陽鉞

圖 47-5　少林護手鉞

圖 47-6　少林蛇形鉞

（6）**少林蛇形鉞：**少林小雙械的一種，每個全長二尺五寸。清代清蓮、靜修、真靈精此術（圖47-6）。

第十七節　各種小雙械類

（1）**少林雙鈸：**少林小雙械的一種，長一尺一寸，外半圓邊上有刃。中有鼓形空心抓手處。清代寂經和尚練此器（圖48-1）。

（2）**少林子午釘：**少林小雙械的一種。兩頭尖，中間也有一尖，長四寸四分，寬兩寸一分。清末如淨法師練此器

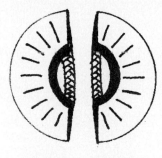

圖 48-1　少林雙鈸

圖 48-2　少林子午釘

（圖 48-2）。

　　（3）**子午雞爪陰陽鐔**：屬八卦門的奇門兵器。也是水陸兩用的雙兵器。形似魚，全長 65 公分。分鐔頭（魚頭），鐔尾（魚尾鰭），鐔柄（魚背鰭），鐔鉤又名雞爪（魚胸鰭）。此器為八卦掌始祖董海川所傳，練時手握鐔柄，除鐔頭外都壓在前臂下，故在水下能助游。鐔鉤能搭船幫（指木質船），借助鐔鉤上船。陸地能借以爬樹、爬牆、上房。用法有穿、刺、勾、掛、撩、抹、點、崩、架、帶、鎖、截等。練法上突出八卦掌的走轉連環，扣擺穿翻，鐔隨步活，步隨鐔轉，結構嚴謹，靈活多變，以腰為軸，身械合一。

第五章 軟兵械種類

　　軟兵械是武術器械之一，泛指各種以環、鏈和繩索為中間環節而串連的兵械。如三節棍、九節鞭、繩鏢、飛爪等。

　　軟兵械的種類很多，有棍棒類、刀劍類、鐵鞭類、繩索類（也作暗器用）等。除棍棒類軟兵器外，其它軟械都具有攜帶方便，使用靈活、遇敵時能出其不意攻其不備的特點。平時藏於腰間或囊中不引人注目。

　　軟兵械比一般兵械都難練，器械舞動時，利用身體某部位所作的支撐點或圓周運動時的貫性力量掌握不當，都隨時有自己挨打的可能。所以，初學者習練，最好先選用繩子或紗帶來連接，另一頭或兩頭用零布做成小砂袋來代替鞭、錘、鏢頭使用。似此危險小矣。待動作熟練，得心應手之後，再練真兵械也不為遲。

　　有關繩鏢、飛抓、流星錘等，本屬軟械一類，但有些資料中也可列於暗兵之中，不為矛盾也。後文中第七章將介紹的暗兵類中，有時也必須提到鏢、爪、錘等。也非有意雷同，旨在便於讀者識別耶。

　　現分別介紹如下幾類軟兵械。

圖 49-1　雙節棍　　　　　　　圖 49-2　雙節棍

第一節　棍棒軟械類

（1）**雙節棍**：傳說宋太祖趙匡胤所創。原稱大盤龍棍（近代北方又稱大掃子）和小盤龍棍（小掃子）。但當時的大盤龍棍一端較短，一端較長，專用來掃擊敵軍馬腳，破甲兵或硬兵器類；後來這種兵器南傳菲律賓，東傳至日本，由於歷史沿革，雙節棍才被改變成現在的樣子，即全長約三尺，棍身每節約一尺，與普通常見的三節棍粗細相同，中間有一鐵鏈連接，也有一尺左右長。

雙節棍短小精悍，可以折疊，是防身禦敵的重要武器。其威力很大。它可長可短，可以將雙節棍疊在一起拿在手中使用，亦可以拿著任何一端使用。招式有點、削、抽、彈、掃、纏、拉、圈、提、敲、打等。它還可以絞奪敵方之兵器。截拳道創始人李小龍，最拿手的也是雙節棍，他的武技

圖 49-3　三節棍

世界轟動。雙節棍攜帶方便，使用靈活，是年輕武術愛好者最想學的器械。252 頁圖中有兩種不同的雙節棍，一種是如前面提到中間一尺連接的，另一種是現在各武術器械廠家生產的中間僅用三環相連接的，其使用方法乃一樣（圖 49-1、49-2）。

（2）三節棍：是以鐵環串連三條等長短棒製成的兵械，也稱「三節鞭」。三節棍全長等於習練者直立直臂上舉至手指尖的高度。鐵環直徑約一寸，短棍間銜接處的棍端，各裝牢一半圓環。棍質以白蠟杆為優。練三節棍時，可持中節用兩梢節，也可兩手持兩梢節，用兩梢端和中節。或者一手持一梢節，另一手持中節；用游離節。還可只持一梢節，使用游離的中節和梢節（圖 49-3）。

（3）梢子棍：是用鐵環串連一長一短兩節木棍製成的兵械。以棍的長短區分為「大梢子棍」、「小梢子棍」、「兩頭梢子棍」三種。

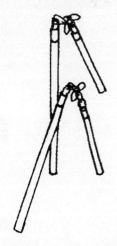

圖 49-4　小梢子棍　　　　　　圖 49-5　少林手梢子

　　有關「大梢子棍」和「兩頭梢子棍」已在第二章長兵械
中歸棍一類介紹過，本文中不再贅述。僅將小（雙）梢子棍
按長規列入軟兵一類，使讀者和初學者便於識別耶。

　　小梢子棍又稱「手梢子」，由大梢子棍縮短而成。其梢
子約長一尺，棍身約長二尺。後來出現的兩節長度相等的
「雙節棍」和「手梢子」相似，既可單棍練習，亦可兩手各
持一棍運使。若雙梢子同使，則威力無窮，是防身禦敵的重
要軟兵器（圖 49-4）。

　　（4）少林手梢子：少林軟長雙械之一。把長二尺，梢
長八寸，三環套在一起，用時兩把同使。清代湛樂精此械
（圖 49-5）。

　　（5）少林童子棍：全長二尺六寸五分，把長一尺二
寸，中節長四寸五分，頭節長四寸，每節環為三寸，屬少林
派雙軟兵械。清代淳錦練此械（圖 49-6）。

圖49-6　少林童子棍　　圖49-7　鐵鏈夾棒　　圖49-8　龍頭杆棒

（6）**鐵鏈夾棒**：形似大梢子棍和鞭類二節鐵鞭，由一根長棒以鐵鏈與一根小棒頭相連接，但此間連接之鏈比大梢子所連之環要長得多（圖49-7）。

（7）**龍頭杆棒**：屬軟兵之一。龍頭嘴裡有一銳利舌劍。龍身用數十個環珠連接起來，尾部有一鏢頭（圖49-8）。

第二節　劍　類

軟器械的種類很多，有些由於歷史的變遷，逐漸難使世人所見，下面介紹兩種鮮爲人知的鏈子劍和劍鞭。

（1）**鏈子劍**：明、清時代的一種軟兵械。用一根長鐵鏈將兩把短劍相聯，使用時能首尾相呼應（圖50-1）。

圖 50-1　鏈子劍　　　　　圖 50-2　劍鞭

（2）劍鞭：軟兵械的一種，由一把短劍與一根鐵鏈相連接。劍長為 3 尺，有尖，兩面有刃。鏈長為 4 尺，尾端一節連一小錘加繫彩綢，以作鞭用（圖 50-2）。

第三節　鞭類

鞭　有軟、硬兩種之分。有關硬鞭一類，已在第三章短兵械鞭類中介紹。本文僅述各種軟械鞭類。

軟鞭泛指由鏢頭、握把、若干鐵節或數節棒棍以環相連製成的一類兵械。軟鞭在晉代即已出現，被認為是猛烈的暗器，難以抵禦。軟鞭可擊、可笞、可勾、可縛、善用者能勝刀劍。軟鞭中有三節鞭、七節鞭、八節鞭、九節鞭、十節鞭、十三節鞭，這些（現在均統稱為九節）鞭演練的技法和套路基本相似。

另外，還有橡膠帶或者皮、麻類、索類等編織製成的如

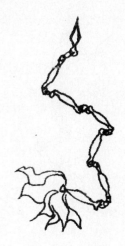

圖 51-1　三節鞭　　　　　　　圖 51-2　七節鞭

蛇形軟鞭、龍頭軟鞭、笞鞭、皮鞭等。少林門中還有二十四節鞭、二十八節鞭、三十六節鞭、趕山鞭、鉤魚鞭等各式各樣的鞭。橡膠、皮鞭類在技擊上是以抽打為主。如九節鞭類的各種鐵鞭，是一種「軟硬兼施」，可長可短的兵器。平時攜帶方便，可收握於手中，或圍於腰間，用時用力一抖，便可揮動自如，九節鞭以圓周運動為主，借助於手臂搖動和身體各部位的轉帶，增加慣性動力而改變圓心及方向。

　　主要練習技法有纏、掄、掃、掛、拋、舞花及地趟鞭法等。下面介紹幾種不同的軟鞭。

　　（1）三節鞭：由鞭頭、鞭把和中間兩個鋼節以鐵環連接而成（圖51-1）。

　　（2）七節鞭：由鞭頭、鞭把等七個鋼條組成，形式同九節鞭。參見九節鞭條（圖51-2）。

　　（3）八節鞭：由八個鋼條組成與九節鞭相似（圖51-

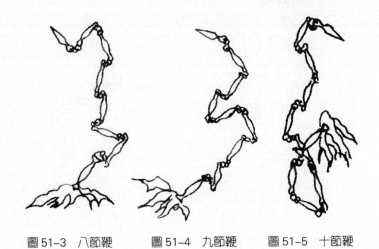

圖 51-3　八節鞭　　　圖 51-4　九節鞭　　　圖 51-5　十節鞭

3）。

　（4）**九節鞭：**軟鞭的一種。鐵或鋼製，由九節短鞭組成。其頂端，節為鞭頭，形狀為槍頭形或圓錐形，其後有環，以鐵環與下一節鞭相連。最尾端一節為鞭把，多為圓柱形。每兩節鞭中以鐵環相連。一般每節鞭長與練者拳頭長度相同或略長。九節鞭具有靈活多變，上下翻飛，可收可發等特點（圖 51-4）。

　（5）**十節鞭：**與九節鞭相似，增加一節而已。其演練和技法均與九節鞭同（圖 51-5）。

　（6）**十三節鞭：**由鞭頭、鞭把、鋼條共十三節組成。其練法與九節鞭同（圖 51-6）。

　（7）**杆子鞭：**短杆頭繫繩索裝一鏢頭，杆尾有鐏（圖 51-7）。

　（8）**連珠雙鐵鞭：**長三四尺的木棍，上端用鐵索連兩節短棍製成。此種器械破刀牌極利（圖 51-8）。

圖51-6　十三節鞭

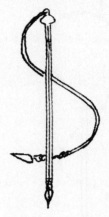

圖51-7　杆子鞭

圖51-8　連珠雙鐵鞭

圖51-9　筒子鞭

（9）筒子鞭（圖51-9）。

（10）皮鞭（一）：屬於軟鞭的一種。皮鞭以生牛皮或牛筋製成。也可以麻繩編製後，用油浸透，方可使用。長度

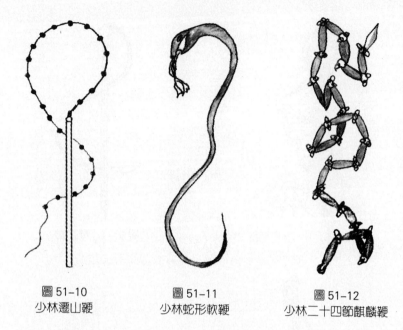

圖 51-10
少林遛山鞭

圖 51-11
少林蛇形軟鞭

圖 51-12
少林二十四節麒麟鞭

按需要而定。可長至二丈，也可短於數尺。

（11）皮鞭（二）：屬於軟鞭的一種。鞭把為竹木所製，長約尺餘。鞭身為生牛皮條製成，鞭身的長短可按實際需要而定。

（12）短鞭：也是軟器械的一種，短鞭沒有鞭把，只有鞭身。鞭身以生牛皮或生牛筋編製而成，長度為三尺至四尺半，粗如小指。

（13）笞鞭：屬軟器械。笞鞭以竹皮編織成鞭狀，長約三尺半。

（14）少林趕山鞭：杆長三尺，鞭長四尺半，有二十四個大疙瘩。宋代福居、清代清修精此械（圖 51-10）。

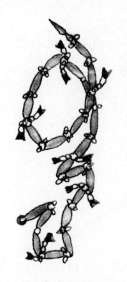

圖 51-13	圖 51-14	圖 51-15
少林二十四節赫鈴鞭	少林二十八節竄宮鞭	少林三十六節天罡鞭

（15）**少林蛇形軟鞭**：長三尺至五尺五寸。明代悟真、廣會，清代湛春、寂經等高僧精此術（圖51-11）。

（16）**少林二十四節麒麟鞭**：全長八尺。明代普照，清代靜樂、湛春等僧精此器（圖51-12）。

（17）**少林二十四節赫鈴鞭**：全長八尺三寸，帶有十二個響鈴。明代洪榮，清代寂元、寂慈等精此器（圖51-13）。

（18）**少林二十八節竄宮鞭**：全長八尺。明代通祥，宗卿，清代如靜、海梁、海寬、湛可等精此器（圖51-14）。

（19）**少林三十六節天罡鞭**：全長一丈零八寸。明代了真、悟淨、清平等精此器（圖51-15）。

（20）**少林三十六節龍梢鞭**：全長九尺九寸九分。明代

圖 51-16
少林三十六節龍梢鞭

圖 51-17
少林十三節蛇骨鞭

日空之師姐日淨師尼和清代清真、清玉師尼精此術（圖 51-16）。

（21）**少林十三節蛇骨鞭**：全長六尺。明代悟真，清代靜樂，靜紹等練此器（圖 51-17）。

（22）**少林十三節麥骨響鈴鞭**：全長六尺三寸，帶八個響鈴。明代普照，清代靜雲等精此術（圖 51-18）。

（23）**少林鉤魚鞭**：鞭長三尺，中節長三尺五寸，鉤長一尺八寸，全長八尺三寸。清代湛舉、湛德等精此術（圖 51-19）。

圖 51-18
少林十三節麥骨響鈴鞭

圖 51-19
少林鈎魚鞭

第四節　鏢類

　　繩鏢　又名「甩頭」，也稱「甩頭一子」，是一種將金屬鏢頭繫於長繩一端製成的軟兵械之一，也作暗器。古代繩鏢由鏢頭、繩索、竹管組成。鏢頭長約十三至二十公分，重約四百五十克。鏢體呈多棱（五至七棱）或錐圓形，頭銳、腹粗、尾圓。尾端有孔，串連一個鐵環，環上牢繫一棉繩，繩長約三公尺至九公尺。環上旁佩兩個響環。繩的另一端挽結一圓環，名「套腕」，繩上穿一長約十公分的竹管。現代武術運動中使用的繩鏢不用竹管，鏢頭變小減輕，約長十二至十六公分。繩索亦減短爲本人身高的兩倍或本人兩臂側平舉長度的兩倍，並在響環上綁上小方彩綢作爲裝飾。繩鏢既

圖52-1　繩鏢（一）　　　　圖52-2　繩鏢（二）

可擲拋遠擊，又可縮短近擊，具有攜帶方便，收縛隱蔽，打擊突然，猝不及防等特點。演練時運用身體的各部位做纏繞收放的各種動作，使鏢由圓周運動瞬變爲直線運動時應手而出。運動方法以纏、繞、摛、擊、拋、掃、擺、收、放、背、擔等爲主。下面介紹幾種帶繩索的鏢。

（1）繩鏢（一）：由鏢頭和繩索所組成。其鏢頭爲一般槍頭形，其後有一環，貫於一丈二尺繩索，鏢頭後可配繫彩綢，也可不繫彩綢（圖52-1）。

（2）繩鏢（二）：鏢頭爲圓錐形，長約四寸，後面有一孔，用三個直徑約六分的圓環與一根長約等於使鏢者身高兩倍的紗繩相連接，中間一環兩側各加一環爲響環，響環上加繫彩綢條，鏢尾上也有彩綢，以增添舞練時的色彩（圖52-2）。

（3）少林繩鏢：繩長一丈二至一丈八，鏢頭長四寸二

圖 52-3　少林繩鏢　　　　　　圖 52-4　少林雙頭鏢

分。清代靜樂等精此器（圖 52-3）。

（4）少林雙頭鏢：由一根全長九尺至一丈八尺的繩子，兩頭各連接一枝相同的鏢頭，鏢尾均配有彩綢或纓子。清代靜樂、湛春等精此械（圖 52-4）。

第五節　錘類

　　流星錘　是一種將金屬錘頭繫於長繩一端或兩端製成的軟兵器，又名「飛錘」、「走線錘」，亦屬索繫暗器類，現爲武術軟器械的一種。僅繫一錘者，繩長約五公尺，稱「單流星」。其詳細製作法同「繩鏢」，唯易鏢頭爲錘。繫兩個錘者，繩長爲四尺半，稱「雙流星」。其錘有瓜形、多棱形、渾圓形等，大小如鴨卵。錘身末端有象鼻眼，用於串連環。

　　演練單流星的技法與「繩鏢」相同。雙流星若作爲暗器

圖 53-1　流星錘　　　　　　圖 53-2　少林鐵流星

使用時，其一錘為正錘，由右手拋擲放。另一錘為救命錘，左手握住，一般不投出，危急時始從以放。現代武術運動中演練雙流星，主要握持繩索中段，進行立舞花、提撩花、單手花、胸背花、纏腰繞脖、拋接等花法練習。其花法同棍花和大刀花。下面介紹幾種不同的錘。

（1）流星錘：由錘身、軟索、把手三部分組成。錘的重量大小，根據使錘者量力而定。錘頭末端有象鼻孔，以貫鐵環，下以繩索扣環，軟索有以蠶絲夾頭髮混合編製，也有紗線編製而成。軟索粗如手指，長一丈五尺至二丈。把手以堅竹製成，縛於軟索末端，把手長三四寸，粗盈把。把手為初習者所用。技成後可將把手棄去。流星錘平時將索成四折，用時可一抽而出（圖 53-1）。

（2）少林鐵流星：繩長一丈六至一丈八尺，清代靜樂和尚精此械（圖 53-2）。

圖 53-3　彝族流星　　　　　　圖 53-4　鏈子錘

　　（3）**彝族流星**：其式樣與流星錘相同，惟其流星形為「丁」字狀，以鐵製成。其主要用法有搶掃、纏繞等（圖53-3）。

　　（4）**鏈子錘**：軟錘的一種，分錘身、鏈二大部分。錘形如小瓜，多為銅鐵所製，鏈長三尺五寸。鏈尾有環，可以套於手中（圖53-4）。

　　（5）**狼牙錘**：以純鐵鑄成，重約三至八斤不等。按練者體力而定，錘為正圓形，分為前後兩部。前部為狼牙狀，上有寸長鐵釘若干，釘頭向前，極為鋒利。後半似流星錘，無釘，錘頭底部有象鼻孔一隻，內繫軟索。軟索尾部有千斤套腕，狼牙錘平時盛於堅革製成的囊中。囊作缸形，口敞開深為錘的三分之二，囊兩邊有帶，可纏縛腰際。錘環露於囊外，以便握取（圖53-5）。

圖 53-5　狼牙錘　　　　　　圖 53-6　少林亮銀鏈子錘

（6）**少林亮銀鏈子錘**：全長六尺。清代湛春高僧精此
械（圖 53-6）。

（7）**雙錘流星**：鐵鏈兩端各繫一流星錘，錘尾端飾以
綢帶（圖 53-7）。

（8）**棱角流星**：一根繩索兩頭各
繫一棱角流星錘，錘尾飾有穗帶（圖
53-8）。

（9）**少林流星兩頭錘**：繩長九尺
至一丈八尺，屬走線錘。清代湛春、寂
敬精此械（圖 53-9）。

（10）**鐵棒槌**：由二個約四寸近似
棱形的小鐵棒和套環，鐵鏈，索繩合併
而形成。因其打擊部分似農婦捶布之棒
槌而得名。功能除有雙流星的可收可
放，掛打連環特點外，還可套在指上，

圖 53-7　雙錘流星

圖 53-8　棱角流星　　　　　圖 53-9　少林流星兩頭錘

握於手中，勾掛、點戳、攔截，擊打近身之敵。

第六節　雜式軟械類

軟器械的種類很多，有些平時難能見到的，幾乎即將失傳，爲使廣大讀者和武術愛好者們能多識別一些古代軟兵器，本文再介紹如下幾種雜式軟器械。

（1）蛐蜒鏢：鏢頭後用環連接，裝有棱頭三個（圖54-1）。

（2）少林滾龍掌：係雜式雙軟械。由兩根長各三尺五寸的鐵鏈各連接一隻大如人手鐵掌，使用雙手各執一件。清代真靈法師練此器（圖54-

圖 54-1　蛐蜒鏢

圖 54-2　少林滾龍掌

圖 54-3　少林大鐵錨

2）。

　　（3）少林大鐵錨：頭柄長一尺二寸，爪長七寸八分，鏈長一丈八尺，後爪長六寸。明代了改和尚精此器（圖54-3）。

　　（4）少林鏈子鐃：屬少林雙軟兵器。由把手、細鐵鏈、鐃三部分製成。鏈長三尺五寸，鐃長為一尺。明代洪榮練此器（圖54-4）。

　　（5）少林蒙仙網：全長一丈三尺，寺僧用於擒賊捉盜之用（圖54-5）。

　　（6）少林鹿筋（箸）獨角錐：全長一丈三尺。明清痛禪、祖良、真雲等精此器（圖54-6）。

　　（7）四節鑣：又名「鑣鐮」。屬軟兵械。由鑣頭、鑣身和小錘三部分組成。鑣頭為鐵製，十字形，頭部尖銳似槍頭，下有蛇形橫刃，其形如翅，向左右伸展，兩面有刃，鑣

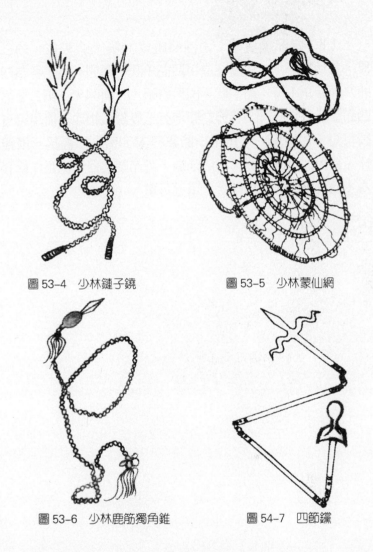

圖 53-4　少林鏈子鐃

圖 53-5　少林蒙仙網

圖 53-6　少林鹿筋獨角錐

圖 54-7　四節鏜

身為三節，長短相同，鐵製，每節之間用鐵環連接，末節鏜身有鐵環與硬木製八楞小錘相連，既可用鏜頭出，也可用小錘擊。主要用法有掄、劈、砸、掃、擋、掛、刺、搖、抹、轉等。既可單練，也可與其它兵器對練（圖 54-7）。

（8）四節連環钂：由四節組成。第一節較長，約三尺，其柄粗一寸，钂頭為扁平四曲矛狀，兩側有刃，各為四曲，钂頭正中有一扁平狀半圓形槍頭，一面開刃。第二至第四節钂杆各長一尺，各節之間均有三隻鐵環相連，使用時可長可短，短用可一手持第一節钂杆末，另一手握另三節钂杆，長用則可兩手握第四節末端，可作硬兵器，也可作軟兵器，變化多端，長短結合，遠近可擊。

第六章　射遠兵械種類

第一節　弓類

弓　中國古代遠射兵器的一種。又名烏號、瞿圃老人、潘尚書、活、弭、曲張等。

弓出現在遠古時期。《考工記》載：「古傳黃帝巨僤作弓。」《荀子》曰：「倕作弓。」《山海經》載：「少皞生般，是始爲弓。」《吳越春秋》載：「黃帝弦木爲弧，剡木爲矢，弧兵之利，以威天下。」

弓制　弓的規定編制。弓爲中國古代常用的兵器，各個朝代對弓都有統一的編制。

《唐·六典·武庫令》載：「弓之制有四：一曰長弓，以桑拓、步兵用之。二曰角弓，以筋骨，騎兵用之。三曰弭弓，短弓，利於近射。四曰格弓，綵飾之弓，羽儀所執。」

《武經》載：「弓名殊而式同，周禮有六弓，曰王弓、弧弓、夾弓、唐弓、庾弓、大弓。弓之長者爲烏號，繁弱其制，今不可考。」

《武經總要》所載：「黃樺弓、黑漆弓、白樺弓、麻背弓，其名異而其實相同，僅質料與裝飾之差異耳。開元弓其製強大耐久，戍邊將士多用之，最稱利器。若腹裡稱良者，北京有槽弰、槽霸、大稍、小稍，皆有可稱者。其弦甚短，

口緊而背曲，拽之易滿，雖不善射者，亦無彈袖之病。」現介紹幾種不同的弓：

（1）弓：弓由弓把和弓弦構成（圖55-1）。《考工記》載：「弓以堅韌之木為幹，內附以角，外附以筋，以絲為弦張之。弓把曰弣，弓梢曰弰，兩端架弦之處曰峻，弣兩旁彎曲處曰弓淵，亦曰隈。」

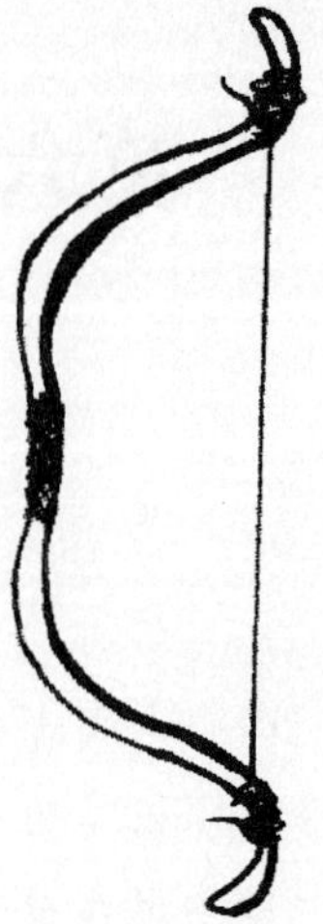

（2）烏號：①弓的別名。《史記·封禪書》：「百姓仰望黃帝上天，乃抱其弓與胡髯號，故後世因名其弓曰烏號。」②弓的一種。《武經》：「弓之長者曰烏號。」

（3）曲張：弓的別名。《抱朴子》云：「弓名曲張。」《太公兵法》曰：「弓神名曲張。」

（4）弲：弓的別名。《毛詩拾遺》云：「弲者，弓之別名。」《爾雅》曰：「弓有緣者謂弲。」

（5）潘尚書：弓的別名。《清異錄》載：「蜀王建軍中隱語，弓為潘尚書。」

（6）上制：弓按其大小尺寸分為三種，即：上制、中制、下制。《弓人職》云：「弓長六尺有六寸，謂之上制，上士服之；弓長六尺有三寸，謂之中制，中士服之；弓長六尺，謂之下制，下士服之。此取人之形貌長短，與弓相稱為上中下三等。各服其弓也。」

（7）七樸弓：古代良弓。春秋時晉國所製。《藝文類·

圖55-1　弓

聚‧軍器部‧弓》，引《列女傳》：晉平公使上為弓，三年乃成，射不穿一札。公怒，將殺工，其妻見曰：『妾之夫造此弓，亦勞矣，干生太山之阿一日三育陰，三育陽，付以燕牛之角，纏以荊麋之筋，糊以河魚之膠。此四者，天下之造也，而不穿一札，是君不能射也，妾聞射之道，左手如摳，右手如附枝；右手發，左手不知。」公以其儀而穿七札，弓工立得擊，賜金三鎰。」

（8）大弓：弓的一種。適合於學射者使用。《周禮‧夏宮‧司弓矢》：「唐弓，大弓，以授學射者。」亦為寶弓之專名。《谷梁傳》：「大弓者，武五之戎弓也。」

（9）大屈：弓名。又名大曲《左傳》魯昭公七年：「楚子享公於新臺，使長鬛者相，好似大屈，既而悔之。」《疏》：「大屈，弓名……既大曲也。」

（10）大稍：弓的一種。參見「弓制」條。

（11）小稍：弓的一種。參見「弓制」條。

（12）六弓：西周使用的六種弓的總稱。《武經》云：「周禮有六弓：曰王弓、弧弓、夾弓、唐弓、大弓、庾弓。」

（13）王弓：強弓之首。《考工記‧弓人》：「往體寡，來體多，謂之王弓之屬，利射蘋與質。」《注》：「射深者直用，此又直焉，於射堅宜也。」

（14）開元弓：弓的一種。見《武經總要》。

（15）巨黍：古良弓名。李善注《文選‧閑居賦》孫卿子曰：「繁弱、巨黍、古之良弓。」

（16）長弓：弓的一種。參見「弓制」條。

（17）鳳凰弓：弓名。見於宋代。宋‧朱彧《可書》：

「金國有柳葉槍，我國有鳳凰弓。」宋・岳珂《桯史》：「宋時，和洗上製勝強遠弓式，能破堅於三百步外，即邊人謂『鳳凰弓』。」

（18）玉腰：弓名。西夏所製。宋・康與之《昨夢錄》：「西夏有行牛，重數百斤，角甚長而黃黑相間，用以製弓極佳，尤且勁健。……近梢靶俱黑而弓面黃者，謂之玉腰。」

（19）句弓：弓的一種。《周禮・考工記・弓人》：「覆之而角至，謂之句弭。」鄭玄注：「句於三體，材敝惡，不用之弓也，覆，猶察也，謂用射而察之，至，尤善也；但角善，則矢雖疾而不能遠。」

（20）白樺弓：弓的一種。因其以白樺木製之而得名。參見「弓制」條。

（21）夾弓：古六弓的一種。弓幹彎曲，宜於射遠。《周禮・夏宮・司馬矢》：「夾弓，庾弓以授射犴侯鳥獸者。」

（22）扜弓：弓的一種。《呂氏春秋・貴卒》：「管仲扜馬射公子小白。」近人陳奇猷《校釋》認為扜弓亦名彎弓，關弓，貫弓，分別見於賈誼《過拳論》，《孟子・告子》《史記・陳涉世界》。

（23）危弓：強弓。《周禮・考工記・弓人》：「豐肉而短，寬緩以榮，若是者為之危弓。」鄭玄《注》：「危，奔，猶疾也。」《墨子・尚賢下》：「有一危弓不能張，必索良工。」

（24）克敵弓：弓名。南宋抗金名將韓世忠根據西夏神臂弓改造，因弓力強勁，能射遠穿甲，名為克敵弓。

（25）彤盧：紅黑色弓。彤，即紅色；盧，即黑色。《抱朴子·名實》：「投彤盧而不彎，非繁弱之不勁也，坐莫賞焉。」

（26）角弓：唐弓的一種。見《唐六典·武庫令》。

（27）宛轉弓：裝飾弓。宛轉，指纏弓的繩。宛轉弓，即以彩繩纏結華美的弓。《太平環宇記·相州·鄴縣》：「皇后出，從女騎千人為鹵簿，腳著五文織成靴，手握雌黃宛轉弓。」

（28）懷弓：良弓名。以懷木製而得名。《太平御覽》九五八卷引《風俗通》：「懷材為弓，彈而放快。」北周、庾信《庾子山集·春賦》：「金鞍如被，懷弓新張。」

（29）唐弓：弓的一種。適合學射者使用。《周禮·夏官·司弓矢》：「唐弓，大弓，以授學射者，使者，勞者。」東漢鄭玄《注》。

（30）秦弓：弓名。因產於古代秦地而得名。《楚辭·九歌·國殤》：「帶長劍兮挾秦弓。」

（31）格弓：弓的一種。參見「弓制」條。

（32）旅（fú）：黑弓。《左傳·僖公二十八年》：「弓矢千」亦作「盧弓」，見《書·文侯之命》。」

（33）深弓：弓的一種。用優質的角、幹和筋所製成的弓。射出的箭速度快，射程遠，入物深，故得名。《周禮·考工記·弓人》：「覆之而角至，謂之侯弓；覆之而干至，謂之侯弓；覆之而筋至，謂之深弓。」《注》「射深之弓也，筋又善，則矢既疾而遠又深。」

（34）庾弓：弓的一種。《周禮·夏官·司弓矢》：「夾弓、庾弓、以射犴候鳥獸者。」《釋文》：「庾，師儒相傳

讀『庚』。」

（35）麻背弓：弓的一種。參見「弓制」條。

（36）黃樺弓：弓的一種。參見「弓制」條。

（37）弸（péng）：強弓。漢・揚雄《太玄經・止》：「絕弸破車，終不偃。」

（38）敦弓：弓的一種。弓上有雕畫文飾，為帝王所專用。《詩・大雅・行葦》：「敦弓既堅」《疏》：「敦與雕，古今之異；雕是畫飾之義，故敦弓，畫弓也。」

（39）越棘：古良弓名。《初學記・武部・弓第四》引陳琳《武庫賦》：「弓則烏號、越棘、繁勾、角端。」

（40）黑漆弓：弓的一種。參見弓制條。

（41）強弓：弓的一種。強硬有力的弓。北齊・顏之推《顏氏家訓・勉學》：「世人但知跨馬披甲，長強弓，便云我能為將。」

（42）蕃弱：古代良弓名。《漢書・司馬相如傳・上林賦》：「彎蕃弱，滿白羽，射游梟，櫟蜚遂。」《注》：「蕃弱，夏後代之良弓名。」《史記》中稱「繁弱」

（43）槽弰：弓的一種。見弓制條。

（44）槽霸：弓的一種。參見弓制條。

（45）黎弓：長梢木弓。古人黎族人所製。宋・范成大《桂海虞衡志・器》：「以藤為弦，箭長三尺，無羽，鏃長五寸，如茨菰葉，以無羽故射不過三四丈，然中者懷死。」

（46）雕弓：鏤刻文采的弓。一名：「弧弓」，又稱「雕弧」。唐・杜牧《題永崇西平王宅大尉情院六韻》詩：「隴山兵十萬，嗣子握雕弓。」《荀子・大略》：「天子雕弓，諸侯彤弓，大夫黑弓，禮也。」

（47）桑弧：用山桑所製的弓。《國語・鄭》：「宣王之時有童謠曰：『桑弧箕服，實亡周國』。」

（48）檀弓：弓的一種。以檀木製成，故名。《後漢書・高句麗傳》：「樂良檀弓出其地。」

（49）繁弱：古代良弓名。見蕃弱條。

（50）瞿圃老人：弓的別名。《文房圖贊續篇》云：「弓矢字子勁，號瞿圃老人。」

（51）弣：指弓把的別名。參見弓條。

（52）大曲：弓名。即「大屈」，見「大屈」條。

（53）剡弧（yǎn hú）：用山桑所製的弓。《國語・鄭》：「宣王之時有童謠曰：『剡弧箕服，實亡周國。」

（54）雕弧：即「雕弓」，見「雕弓」條。

（55）柘弓：良弓名。以柘木製成而得名。《太平御覽》九五八卷引《風俗通》：「柘材為弓，彈而放快。」北周。庾信《庾子山集・春賦》：「金鞍如被，柘弓新張。」

（56）弧弓：弓的一種。木製。《周禮・夏官・司弓矢》：「王弓、弧弓，以授射甲革椹質者。」

（57）彤弓：朱紅色弓。《荀子・大略》：「天子雕弓，諸侯彤弓，大夫黑弓，禮也。」

（58）隈：弓淵的別名。指弓把兩旁彎曲處。參見弓條。

（59）峻：指弓把兩端架絃之處。參見弓殺。

（60）弰：指弓把之梢。北周・庾信《庾子山集・擬詠懷》詩：「輕雲飄馬足，明月動弓弰。」

（61）弝：弓把的別名。漢・焦延壽《易林乾》：「弓矢俱張，弣彈折弦。」

（62）弢（tāo）：指弓袋（圖
55-2）。《左傳》成十六年：「楚其
王召臣由其，與之兩矢，使射呂錡，
中項優錡。」《管子‧小匡》：「弢
無弓，服無矢。」

（63）弦：弓的一個組成部分。
常以生絲、熟麻搓絞而成。也有以牛
筋、生絲搓絞而成。參見弓條。

第二節　弩類

圖55-2　弢

弩　以括機發射箭矢的兵器，又名窩弓。

據考古推測，弩可以追溯到上古時期。新石器時代已有
木弩了。至夏商時期記載的書已比較多見。戰國時期弩已在
軍隊中大量地使用。秦漢時代，弩機以銅製爲主。唐代的
弩，據《唐六典》：「唐代的弩分角弓弩、擘張弩、竹竿
弩、伏遠弩、大竹竿弩、大車弩、大木車弩」等七種。宋代
弩的種類很多，總體分爲兩類，一類是踏張弩，另一類是床
弩。踏張弩有白樺弩，黃樺弩、雌黃樺梢弩、黑漆弩、木
弩、跳蹬弩。床弩有三種斗子弩、小合禪弩、大合禪弩、三
弓弩，次三弓弩、手射弩、斗子弩。明清兩代的弩有：神臂
弩，神臂床子連城弩、射虎竹弩、窩弩、雙飛弩、雙機貫鳧
神弩、如意弩、彈弩、弩弓、連弩等。

弩由於是機射原理，雖在戰爭舞臺中的作用逐漸減小，
但至今還被人們所運用。弩作爲一項體育運動項目，有它的
專門射弩的比賽。弩沒有套路動作的形成，故不列入武術項

目。

弩制 弩的規定編制。我國古代各朝代將弩作爲一種兵器，而廣泛裝備軍隊，但各朝代的弩的形式各有不同。《唐六典・武庫令》載：「弩之制有七：一曰擘張弩，二曰角弓弩，三曰木單弩，四曰大木單弩，五曰竹竿弩，六曰大竹竿弩，七曰伏遠弩。」

《武備志》載：「中國之利器曰弓與弩。自漢以來，外強之弓曰強，遂不可復及，惟弩之用爲最。張弩之力，腰開者有十石，蹶開者可二三石。古所以云弓之強者不及也。晉與隆平樹機能猶藉腰開弩。至宋而其法不傳，故《武經》所載，黑漆、黃樺、跳蹬等弩，皆蹶張也。斗子、床子等弩雖強，然費人多，可以守而不可以戰也。宋末始有神臂弩，其法亦蹶張而稍勝之，遂以破敵。其後劉司馬天同用之，而其法始傳。又有克敵弩者，亦跳蹬也。今苗人皆用弩，然強而不便。宣湖射虎用竹弩，工弩者，皆借力於藥末，可謂強也。又有諸葛弩，可置十矢，以次發，東漢人喜用之，然力輕而不能傷人。近世程宗猶得古銅機，斟酌竹弩則勝之矣。」

《諸弩圖說》載：「古人自蹶張者，其飾有黑漆，黃白樺，雌黃樺，稍小則有跳蹬弩，木弩。跳蹬弩亦曰小黃，其用尤利，木弩雖可施，不觸久，邊民不甚用，其力之強弱，皆以石鬥爲等。箭有點鋼、木羽、鳳羽、木樸頭、三停等之分。鳳羽者，謂當安羽處剔定，兩邊以克風氣，則射時不掉，此不常用，備翔羽乏耳。三停者，箭形至短，羽、杆、鏃三停，故云三停箭，中物不能出，以其短故也。」

弩機 弩的一個構成部分。由機鉤、照門、撥機、墊機

組成,是弩的一個主要部分,用於弩的瞄準和發射之用。機鉤又稱作牙,長八分,厚三分,總高五分。掛弦機口寬二分,深二分。照門又稱規,上面刻有尺度,用以測遠和瞄準,總高八分,凹字口闊一分半,口徑爲一分。墊機又稱無名機,長一寸五分,厚一分,闊四分,内梢長五分,厚高一分多,口徑一分。兩鍵長九分,大小以機眼爲規。機匣長二寸二分,高七分,闊四分,以裝弩機之用。

機鉤 弩牙的別名。弩機的一個構成部分。參見「弩機」條。

照門 弩機的組成部分。又稱「規」。參見「弩機」條。

規 照門的別稱。弩機的一個組成部分。參見「弩機」條。

撥機 弩機的組成部分。長一寸一分,闊三分半,厚一分,兩鍵長九分,大小以機眼爲規。

墊機 弩機的組成部分。又稱「無名機」。參見「弩機」條。

機匣 弩機的組成部分。參見「弩機」條。

弩托 弩的一個組成部分。弩托爲執弩挈手之用。弩托長五寸四分,闊狹以弩擔孔爲準,厚七分,馬口深二分,兩頭各低一分,下有弧形,弩擔上鏈槽以合弩擔。

弩擔 又稱鷂子擔。弩的一個組成部分。弩擔二梢後蹺,上弦彎曲後其勢如鷹鷂兩翼飛展。弩擔依其所需射程決定其片數。一般用三片,如欲遠射,可增至爲五、六片。三片時入扣,四五片時弩擔漸長使中間低陷,兩翼翹起。

弩身 弩的一個組成部分。弩身是弩的主體,其他各部

件均裝於其上。弩身長一尺六寸三分，內頭長三寸三分，內掛口七寸。內機鉤至機尾長三寸，內鉤至尾梢長三寸，頭部寬一寸九分。弩身常以木製，以棗木紅者為上，梨木紅赤者次之，檀木亦可為弩身之上等木材。如用竹製弩身，須選上等掛竹，竹須堅而不脆，韌性強、力均強。

弩弦 弩的一個組成部分。弩弦採用上等苧麻或川麻製成。製時先將麻根梢搭配絞合成股。弦比弩擔長一尺五寸，中間留尺餘，兩頭作扣。右手用麻往懷裡搓絞，先將一頭又成扣，掛在弩之右邊擔口上批直。將弦拉直比左邊擔短一寸處，亦搓絞成扣，掛於左邊擔。單股麻皆以右手往懷裡上緊，合成雙股。盡頭處將麻橫纏三道結，挽成一疙瘩。再將兩頭餘麻以米飯勒緊，夾入搓絞成股的麻繩中，毋使其露出，再用米湯漿一次。隨即，再將麻繩以右手朝懷裡搓緊，麻繩搓緊兩次後，用細繩一根，在弦上依次纏繞，上下刮光勒淨後候乾，再去其亂麻頭。另備鵝羽管一支破去裡半，用外半刮去內穰，用水浸軟，隨弦居中插入，纏絞弩弦，然後掛於弩擔兩端。弩弦即製成。弩弦重七八錢。

鵓子擔 弩擔的別名。參見「弩擔」條。

下面介紹弩的種類：

(1)**弩**：《釋名・釋兵》曰：「弩者怒也，有勢怒也；其柄若臂，似人臂也；鉤弦者曰牙，似齒牙也；牙外名郭，為牙之規郭也；下曰懸刀，其形然也；合名曰之機，言如機之巧也，亦言如門戶之樞機，開合有節也。」（圖56-1）

(2)**八弓弩**：連弩的一種。《資治通鑒》卷一八八：「八弓弩，箭如車輛，鏃如巨斧，射五百步。」元、胡三省

圖 56-1 弩

注：「八弓弩，八弓共弩也，如古連弩，今之划車弩，亦其類也。」

（3）**八牛弩**：三弓床弩的別名。參見「三弓床」弩條。

（4）**三弓弩**：三弓弩是三弓床弩中較小的一種。參見「三弓床」弩條。

（5）**三弓床弩**：三弓床弩的形狀，為前面兩弓後面一弓。又稱之為「八牛弩」。此弩開時須用百人之力。張弩時以二人瞄準射擊目標，調整弩的高低，一人以槌擊牙發射弩箭。弩箭為木杆鐵羽鐵鏃箭，稱之為一槍三劍箭。三弓床弩有三弓弩和三弓斜子弩之別。三弓弩用六、七十人開弩，所用之弩箭為木杆鐵鏃，以翎或鐵為羽。此弩利於攻城之用。攻城時，以弩為箭攻城上之人，攻城者可蹬弩而登於城牆，三弓斜子弩是一種連發弩（圖 56-2）

（6）**三弓斜子弩**：是三弓床弩中較大的一種。張時須用百人之力。其特點是一次可發射數十枝弩箭。用三弓之力，射程達二百步之遠（圖 56-3）。主要用於防禦戰。參見「三弓床弩」條。

（7）**大木單弩**：弩的一種。參見「弩制」條。

（8）**大竹竿弩**：弩的一種。以竹製之而得其名。參見

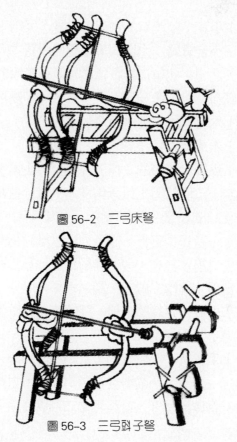

圖 56-2　三弓床弩

圖 56-3　三弓斜子弩

「弩製」條。

（9）**大合蟬弩**：弩的一種。大合蟬弩是雙弓床弩中最大者。張時須用十五人之力。此弩用木杆鐵鏃箭，可射三百步遠。如用竹箭發射，可射至五百步遠。參見「雙弓床弩」條。

（10）**大黃**：弩的一種。《漢書‧李廣傳》：「而（李）廣身自以大黃射其禆將，殺數人，胡虜益解。」《集解》：「韋昭曰：『角弩，色黃而體大也』。」

（11）小黃：跳蹬弩的別名。參見「弩制」條。

（12）小合蟬弩：小合蟬弩是雙弓床弩中大小居中。張時須用七人之力。此弩以木杆鐵鏃為箭，箭頭形如半月鑿，故名大鑿頭箭。射程達一百五十步。參見「雙弓床弩」條。

（13）木弩：以木製之而名。

（14）木單弩：見《唐六典·武庫令》。

（15）車弩：連弩的一種。《衛公兵法輯本》：「作軸車，車上定十二面弩弓，以鐵鉤繩連，車行軸轉，引弩弓持滿弦，牙上弩為比衢（即箭槽），中衢大箭一，鏃刃長七寸，周五寸，箭杆長三尺，圍五寸，以鐵片為羽，左右各三箭，次小於中箭，其牙一發，諸箭齊起，及七百步，所中城壘，無不摧隕，樓櫓亦顛墜，謂之車弩。」

（16）少府：強弩的一種。戰國時韓國所製。參見「谿子」「時力」「距來」條。

（17）手射弩：手射弩的形狀如小合蟬弩。張時須以二十人之力。一人以照門瞄準目標，另一人用力踏下木板，以繩索之力，將鐵機扯下，射程可達二百步之遠。參見「小合蟬弩」條。

（18）手射合蟬弩：手射合蟬弩為雙弓床弩中最小的一種。參見「雙弓床弩」條。

（19）雙飛弩：雙飛弩用輕質木板釘成櫚板，弓柄置於其上。板上開有二槽，內安箭弦。另開上方下圓孔一個，以作安放鐵機之用。下用繩索繫之。另用木棍一根，兩頭裝有鐵鉤，攀弓於鐵機上。放弩箭時，先將弩之照門瞄準目標，然後用腳踏下木板，以繩索之力，將鐵機扯下，隨之，弦去箭發，射程可達三、四百步之遠。此弩射人極準。

（20）**雙弓床弩**：雙弓床弩的形狀是前後各有一弓。弩床下有一轉軸，軸上有孔，穿有繩索。軸另一端有圓盤作轉軸之用。軸上繩索與弩相繫，軸轉張時弩即張弓。雙弓床弩因其大小，可分為大合蟬弩、小合蟬弩和手射合蟬弩。其中以大合蟬弩最大，手射合蟬弩最小。大者張弩須用十人之力，次者亦需七、八人。另有一人瞄準目標，調準雙弓床弩的高低。一人以槌擊牙發箭。弩箭均為木杆鐵鏃羽尾，其鏃形如鑿，故名大、小鑿頭箭。手射合蟬弩用𩰚子箭為矢。手射合蟬弩為三人轉動轉軸張弓，一人手射發矢，射程達一百二十步。

（21）**白間**：班固《兩都賦》：「招白間，下雙鵠。」《注》：「招，猶舉也；弩有黃間之名，此言白間，蓋弓弩之屬。」見「黃間」條。

（22）**白樺弩**：以白樺木製而得其名。參見「弩制」條。

（23）**伏遠弩**：弩的一種。見《唐六典·武庫令》。

（24）**竹竿弩**：以竹製之而得其名。

（25）**遠望**：弩的一種。晉·葛洪《抱朴子·雜應》：「弩名遠望，張星主之。」

（26）**花裝弩**：指藏於背部的弩，亦名：「緊背低頭花裝弩。」其主要射法有平射與斜射兩種。流行於宋代。

（27）**連弩**：可以連發數矢的弩，秦漢時已出現。《史記·秦始皇本紀》：「願清善射與俱，見則以連弩射之。」《漢書·李廣傳》：「發連弩射單于。」《注》：「服虔曰：『三十弩共一弦也。』」以鐵為矢，矢長八寸，一弩數十矢俱發。

（28）**克敵弩**：明嘉靖二十七年，錦衣衛軍匠馮經獻所製之硬弩。此弩一併發二箭，二併發三箭。教場試射較神臂弓為遠，故名克敵弩。見《續文獻道考》卷一三四《兵·軍器》。

（29）**足踏弩**：指藏於靴內的弩，其主要有平射和斜射兩種。流行於宋代騎手中間。

（30）**時力**：屬強弩。《戰國策·韓》：「天下之強弓勁弩，皆自韓出。谿子、少府、時力、距來，皆射六百步之外。」裴駰《集解》：「接時力者，謂作之得時，力倍於常，故名時力也。」

（31）**勁弩**：能射六百步之外的弓弩。《史記·蘇秦列傳》：「天下之強弓勁弩……皆射六百步之外。」《孫臏兵法·威王問》：「勁弩趨發者，所以甘戰枝久也。」

（32）**絭**（quān）：弩的別名。《漢書·司馬遷傳》：「張空絭，冒白刃，北首爭死敵。」

（33）**神臂床子連城弩**：神臂床子連城弩以黍木作弩身，檀木為弩擔，絲麻混扎成弩弦。弩身通長三尺二寸，兩弭各長九寸二分，兩柄各長一尺一寸，弝長四寸，全長為四尺五寸。弦長二尺半。弩箭為鐵鐙槍頭形，其尾以翎為羿，長數寸。神臂床子連城弩勁力強大，二百步遠射榆木，甚矢可沒入半杆。

（34）**神臂弩**：又名「強臂弓」。宋熙寧元年（1608），西夏人李定（或作李宏）獻偏架弩，因名副都知張若水等仿製。

（35）**諸葛弩**：相傳為三國時諸葛亮所創，故得其名。諸葛弩弩身輕便，一次能連發十矢。但其射程不遠，故常在

弩矢上塗毒藥，以藥力輔其之弱。諸葛弩可用於馬戰，也可用於守城。一般懦夫閨婦均能使用。

（36）黃間：弩的一種。晉・潘安仁《射雉賦》：「捧黃間以密穀，屬剛罫（guǎi）以潛擬。」《注》：「黃間，弩名也。」

（37）斜子弩：斜子弩的形狀如小合蟬弩，以四人之力張弩，射程達一百五十步遠。參見「小合蟬弩」條。

（38）黃樺弩：參見「弩制」條。

（39）瑣連：連弩的一種。《北堂書鈔・漢官解話》：「黃魏瑣連，孫吳之法。」《注》：「兵書有黃氏瑣連之器，蓋弩射池也。」

（40）距來：屬強弩。《戰國策・韓》：「天下之強弓勁弩，皆自韓出。谿子、少府、時力、距來，皆射六百步之外。」裴駰《集解》：「距來者，謂弩勢勁剛，足以距來敵也。」

（41）銅牙：弩的一種。《南越志》：「龍川有銅牙弩，常流出水，皆以銀黃雕鏤。」杜甫《復愁詩》：「貞觀銅牙弩，開元錦獸張。」

（42）窩弓：弩的別名。見「弩」條。

（43）黑漆弩：弩的一種。參見「弩制」條。

（44）雌黃弩：弩的一種。參見「弩制」條。

（45）谿子：強弩的一種。《戰國策・韓》：「天下之強弓勁弩，皆自韓出，谿子、少府、時力、距來，皆射六百步外。」《淮南子・谿真》：「烏號之弓，谿子之弩，不能無弦而射。」《注》：「谿子，為弩所出國名也，或曰、谿、蠻夷也，以桑為弩，因曰谿子之弩也，一曰：「谿子

陽，鄭國善為弩匠，所以名也。」

（46）蹶張弩：指用雙腳踏開的硬弩，顏師古訓《漢書》語：「今之弩……以足踏者曰蹶張。」

（47）跳蹬弩：參見《武經》。

第三節　箭類

箭　又名矢。是靠機械力發射的一種兵器。箭因其彈射的方法不同，又可分為弓箭、弩箭和捽箭。箭由箭頭、箭杆、箭羽三部分組成。箭頭，又名箭鏃，多為鐵製，頭銳而底豐，式樣有三菱形、三角形、圓錐形等。其刃薄而鋒利，旁有凹槽。箭杆以木或竹製成，嵌於箭頭之下。箭杆為圓柱形，用箭端製作而成。箭羽常以鵬鷴等巨禽翅製成，夾於箭杆尾端，使箭在飛行中平穩地命中目標（圖57-1）。

箭的歷史伴隨著弓的產生，遠在石器時代就作為人們狩獵的工具。歷經迄今約有三萬年的演化。古代軍隊把箭列為作戰的武器。隨著火器的出現，至十九世紀中葉，太平天國戰爭中已基本上不用弓箭。近代以後，射箭從軍事上分離出來，成為習武強身的體育運動項目，射箭被列為正式的比賽項目之一。

箭的組成部分有如下幾種：

箭頭　箭的一個組成部分，又稱箭鏃。

箭羽　箭的一個組成部分。參見箭

圖57-1　箭

條。

箭端 製造箭杆的工具。爲方形硬木所製。箭端中有開一圓槽，略比箭杆爲大，圓槽槽貫兩端。一端敞開，一端裝有鋼板。鋼板上有 圓孔，圓孔呈薄刃形。圓孔大小如箭杆。有時將箭杆從槽敞開處插入，通過槽，經圓形刃孔，使箭杆圓而平直。此器因使箭杆斜而更正，曲而復直，故取名爲端。

箭制 指箭的規定編制。我國古代軍隊廣泛用箭，各朝各代對箭的式樣都有規定。《唐六典·武庫令》載：「箭之制有四：一曰竹箭、二曰木箭、三曰兵箭、四曰弩箭。」各朝代的箭制大抵相同。

錐 箭鏃的別稱。《釋名·釋兵》：「鏃，關西曰錐。鉸也，言有交刃也。」

鍭（hóu） ①指箭頭。《文選·西都賦》：「爾乃期門齊飛，列刃攢鍭。」②箭名。《詩大雅·行葦》：「敦弓既堅，四鍭既鈞。」《爾雅·釋器》：「金鏃羽謂之鏃。」《疏》：「以金爲鏃，齊羽者名鏃。」

鏑 箭鏃的別稱。《史記·秦楚之際月表》：「銷鋒鏑。」

抉拾 古代射箭用器具。抉指扳指，載右拇指上，用以鉤弦。拾，著以左臂，用以護肩。抉用棘或骨製成，拾以革製成。

步叉 箭袋。《釋名·釋兵》：「步叉，人所帶，以箭叉於其中也。」《後漢書·輿服志》：「箭袋。謂之步叉。」

箭桶 裝箭器具。亦作箭袋。以皮革製，外飾花紋，長

短與箭之尺寸爲標準（圖57-2）。

　　箙　盛箭器具。用竹木或獸皮製
成。《周禮‧夏官‧司弓矢》：「中秋獻
箭。」

　　古時箭的種類很多，現介紹如下：

　　（1）矢：箭的別名。《廣雅‧釋
器》：「矢，箭也。」「矢，指也，官
其有所指向，迅疾也。」

　　（2）八矢：①箭類的總稱。②中
國古代的八種箭。《周禮‧夏官‧司弓

圖57-2　箭桶

矢》：「常六弓四弩八矢之法。」八矢爲枉矢、絜矢、殺
矢、鍭矢、恆矢、痺矢、矰矢、茀矢。枉矢和絜矢，可以帶
火發射，用於守城及車戰；殺矢與鍭矢，用於近射和田獵；
恆矢和痺矢用於散射；矰矢和茀矢用於遠射。

　　（3）匕：古時箭頭的別名。《左傳‧昭‧二六年》：
「射之中楯瓦……匕入者三寸。」

　　（4）一槍三劍箭：箭的一種。箭頭爲扁平銳三角形，
箭杆以木或鐵製，供三弓弩發射用，因其一次可發射三枚，
故名。

　　（5）三叉箭：箭的一種。其式樣與普通之箭相似，惟
箭頭爲三叉形，中有尖刃，兩側各有向外突出的小刃。整個
箭頭呈扁平狀。

　　（6）大羽箭：箭的一種。箭羽與箭杆比普通箭爲長。
唐‧杜甫《丹青引》詩：「良相頭上進賢冠，猛將腰間太羽
箭。」

（7）小鑿頭箭：箭的一種。箭頭形狀如鑿頭，箭杆較細，以木或竹製成。供斗子弩發射。

（8）飛鳧：箭的一種。《六韜・虎韜・軍用》：「飛鳧雷影自副。」《注》：「飛鳧，赤莖白羽，以鐵為首。」

（9）飛蝱（méng）：箭的一種。漢・揚雄《方言》：「箭……其三鐮（棱）長尺六者，謂之飛蝱。」《東觀漢紀》：「光武作飛蝱箭，以攻赤眉。」

（10）無扣箭：箭的一種。箭頭為扁平銳三角形，頂角細小如針。箭杆以木或竹製成。為明代弓射箭。

（11）無羽箭：箭的一種。又名「沒羽」。《宋史・兵志》：「湖北享西造納無羽箭。上曰：「箭不用羽，可謂精巧。」

（12）木羽：弩箭的一種。據《宋史・兵志》載：「宋真宗咸平元年，石歸宋獻木羽弩箭，能致遠，入鎧甲。」

（13）木箭：箭的一種。以木製之。

（14）木樸頭箭：其式樣與普通之箭相似，惟箭頭以硬木製成，頭大尾小成滴水狀。

（15）木兔叉箭：全長二尺九寸，箭頭為三棱椎形，後面有兩個月牙鏟形尖齒朝前突出，植於箭杆，杆以楊木製，箭羽為雕羽製。為清代弓射箭。

（16）水箭：全長二尺九寸，箭頭為鐵製，形狀如鏟。長五分，寬七分，以骹與箭杆相連，骹以梨木製，箭羽以雕羽製。為清代弓射箭。

（17）烏龍鐵脊箭：鐵製。箭頭呈扁平蛇矛狀。用弓發射。

（18）月牙箭：其式樣與普通之箭相同，惟前頭為月牙

狀，有朝前突出之兩尖刃。整個箭頭呈扁平狀。

（19）**月牙鈚箭**：全長二尺九寸。箭頭為鐵製，呈月牙鏟形，長一寸五分，寬一寸二分，頭部鋒利，箭羽以雕羽製。為清代弓射箭。

（20）**鳳羽**：弩箭的一種。元《東南記聞》載：「趙執中製木幹箭，能射三百步外，名鳳羽。」

（21）**半邊扣箭**：箭頭為扁平銳三角形，頂端尖細如針，後部有二個倒鉤，非常鋒利，箭杆以木或竹製成。為明代弓射箭。

（22）**平題**：箭的一種。漢・揚雄《方言》：「箭鏃鏃……凡（róu）者謂平題。」

（23）**艾葉頭箭**：箭的一種。箭頭為艾葉狀，尖刃之下有前斜出之若干尖刺，整個箭頭呈扁平狀。

（24）**號箭**：傳遞信號的響箭。《水滸傳》第十一回：「（朱貴）搭上那一枝響箭，向對港敗蘆折葦裡面射去，林沖道：『此是何意？』朱貴道：「此是山寨裡的號箭，少刻便有船來。」

（25）**四扣馬箭**：箭頭為扁平圓錐形，箭杆為木製，杆末端扣弦處為交叉成十字的兩個月牙形，此箭多用於射馬。為明代弓射箭。

（26）**四髯箭**：弩箭的一種。其式樣與普通之箭相同，惟箭頭後有四髯，兩旁刻有深槽，能穿甲而過。此箭體過重，不能遠射，常用腰開弩發射。

（27）**白羽**：以白羽作箭羽，故名。張守節《正義》引文穎曰：「引弓盡箭鏑為滿，以白羽羽箭，故云白羽也。」

（28）**皮頂角頂小樸頭箭**：箭頭為皮革裹棉花而成，箭

頭用繩縛於箭杆之上，杆以木或竹製，此箭專為演習、對抗射擊之用。明代弓射箭。

（29）**羊頭**：箭的一種。漢·揚雄《方言》：「凡箭鏃……三鐮（棱）者謂之羊頭。」

（30）**齊鈚箭**：全長二尺九寸，箭頭鐵製，呈平頭鏟形，長一寸七分，寬七分，杆以楊木製，羽為雕羽製，清代弓射箭。

（31）**杆頭箭**：箭頭為扁平形雙棱狀，箭杆較短，供木弩發射用。

（32）**夾靶箭**：長二尺九寸，箭頭為鐵製五棱狀，與骨靶相連，長三寸三分，骨靶以獸角製，環穿十個圓孔，杆以楊木製，羽為雕羽製。清代弓射箭。

（33）**竹箭**：以竹製。見《唐六典·武庫令》。

（34）**殺矢**：箭的一種。因殺傷力強而得名。《周禮·夏官·司弓矢》：「殺矢、疾矢，用諸近射、田獵。」鄭玄注：「殺矢，言中則死。」

（35）**合包哨箭**：全長二尺九寸，箭長二寸一分，為扁平方鏟狀，頭部薄而鋒利，闊一寸五分，以骨骹與箭杆銜接，骨骹以獸骨製成，長一寸，呈圓錐形，上有四孔，杆以楊木製，羽以雕羽製。清代弓射用箭。

（36）**快箭**：角鏃長一寸一分，闊四分，狀如鑿子箭而小。見《清會典圖·武備·快箭圖說》。

（37）**鑿子箭**：頭闊如鏟形。宋·孟元老《東京夢華錄·駕登里津樓諸軍呈百戲》：「又以柳枝插於地，數騎以鑿子箭，或弓或弩射之。」

（38）**兩開肩箭**：頭為扁平銳三角形，後有一隻三角形

倒鈎，杆為木製，為明代戚繼光所製之弓射箭。

（39）連珠箭：可供連發。《秦併六國評話》：「李信不用長槍，抬弓取箭，射三隻連珠箭，張吉落馬。」

（40）兵箭：為步兵所用。見《唐六典・武庫令》。

（41）角頭箭：全長二尺九寸，頭為鐵製，形狀如枚針，長四寸二分，杆以楊木製，羽以雕羽製，為清代弓射箭。

（42）枉矢：古箭名。《周禮・夏官・司弓矢》：「凡矢、枉矢、殺矢、利火射，用諸守城車戰。」鄭玄注：「枉矢者，取名變星，飛行有光，今之飛矛是也。」

（43）槍頭箭：長二尺九寸，頭為鐵製，形狀如長槍頭，長三寸，寬四分，杆以楊木製，羽以雕羽製，清代弓射用箭。

（44）抹角鈚箭：長二尺九寸，頭為鐵製，形狀如梳脊鈚箭頭，只是在後角處切去一塊，長二寸，寬二寸一分，杆以楊木製，羽以雕羽製。為清代弓射用箭。

（45）鳴鏑：響箭。箭在空中急速飛行時能發出鳴響。《史記・匈奴列傳》：「冒頓巧作為鳴鏑，習勒其騎射。」《集解》：「矢鏑飛則鳴。」

（46）鳴鈴飛號箭：響箭的一種。矢為圓錐形槍頭狀，杆以竹製，上有六至八隻凹凸方孔，以箭以弓發射，時會發出哨聲。

（47）金僕姑：箭的一種。《左傳・魯莊公十一年》：「乘丘之役，公以金僕姑射南宮長萬。」楊伯峻注：「僕姑，矢名，矢之名僕始……其義不可強求。」

（48）金箭：以金為鏃而得名，《舊唐書吐蕃傳》：

「其舉兵以七寸金箭為契」，亦名「金鏃箭」。

（49）弩箭：為弩射之箭。《漢書·霍光傳》：「河東太守郊迎，負弩矢先驅。」

（50）兔叉箭：箭頭為扁平橢圓形，刃口鋒利，後有十字交叉，鐵鉤分向前後，杆多以木製，明代弓射用箭。

（51）魚叉箭：長二尺九寸，頭如鈀形，寬一寸四分，長一寸九分，分為五個鐵齒，每個齒均帶有倒鉤，齒尖，杆以楊木製，羽以大雁羽製，漆成黑色。清代弓射用箭。

（52）柳葉箭：其式樣與普通之箭相同，惟箭頭形似柳葉。整個箭頭呈扁平狀。

（53）蕎麥棱箭：頭為扁平鏟形，頭部平，當中略向後凹，後部有月牙形倒鉤，杆以木製或竹製。明代弓射用箭。

（54）點鋼箭：其式樣與普通之箭相同，惟箭頭小而尖，其後有兩個倒鉤小刃。整個箭頭為純鋼打製而成，呈扁平狀。

（55）鈚箭：杆長而頭薄。《集韻》：「鈚木依矢。」漢·揚雄《方言》：「箭鏃廣長而薄鐮謂之鈚。」

（56）眉針箭：箭矢前部為針狀，中部三角形，後部為倒月牙鏟形，杆以木或竹製。為明代弓射箭。

（57）皇帝大禮隨侍鈚箭：全長三尺一寸，頭為三角形，中有脊闊，一寸六分，頭長二寸九分，杆以楊木製，羽以雕羽製，漆成朱紅色。為清代弓射箭。

（58）皇帝大閱鈚箭：全長三尺一寸，呈三棱形狀下部圓柱形，上有八個小孔，杆以楊木製，羽以雕羽製，漆成綠色。為清代弓射箭。

（59）皇帝吉禮隨侍哨箭：全長三尺一寸，箭頭為四棱

形，平頭而銳利，箭頭安裝於角觝上，骨觝以獸角製成，為圓形，上有八個小孔，箭杆以楊木製，羽以雕羽製成。為清代弓射用箭。

（60）皇帝行圍哨箭：全長二尺八寸，箭頭為槍頭形，中有脊，下部以獸角做成骸，扁平狀，長二寸，四周有八個孔，羽以雕羽製。為清代弓射用箭。

（61）皇帝隨侍鈚箭：式樣用皇帝大禮隨侍鈚箭。為清代弓射用箭。

（62）皇帝隨侍兔叉箭：全長二尺九寸，頭為六棱銳角形，後有四個前曲尖鉤裝於觝上，觝以獸角製，前銳後圓，長一寸六分，四周有個個孔，羽以雕羽製。為清代弓射用箭。

（63）恆矢：箭的一種。為禮射用。《周禮·夏官·司弓矢》：「恆矢、痺矢、用諸散射。」鄭玄注：「恆矢，安居之矢之。」

（64）索倫箭：全長二尺九寸，頭為鐵製，呈三棱錐形，長二寸八分，寬五分，杆以楊木製。為清代弓射箭。

（65）哨箭：箭鏃上加骨角哨子，發則哨響。古稱「鳴鏑」。清代稱哨箭。

（66）鴨嘴哨箭：長二尺九寸，頭為鐵製，扁平形，薄而鋒利，以骸與杆相連，梨木製，前微扁銜箭頭，四面有環，杆以楊木製，羽以雕羽製。為清代弓射箭。

（67）鐵箭：弩箭的一種。箭頭以鐵或銅鑄成。中脊線高起，兩旁各有凹槽，槽內可貯毒藥。箭頭下裝有細箭杆，裝配不求太緊，以插住為限。一旦鐵箭射入人體。箭杆一拔即出，而箭頭則嵌入人體而不能自拔。

（68）鐵樸頭箭：箭頭扁平銳角形，後倒月牙鑲狀鐵鉤，頭中有小孔，杆以木製，為打獵或傳號之用，發射時有「嗯嗯」聲。為明代弓射箭。

（69）鐵兔叉箭：長二尺九寸，頭由三枚鐵片組成銳三角形，長二寸五分。下有四個向前突出倒鉤，鉤尖鋒利，杆以楊木製，羽以雕羽製。為清代弓射箭。

（70）鐵骨利錐箭：其式樣與普通之箭相同，惟箭頭狹小而特別尖銳，能穿透一般盔甲。亦稱「鐵骨麗錐箭」。

（71）鐵羽大鑿頭箭：頭尺寸較大，形狀如大鑿頭箭頭，杆較粗，以竹或木製，羽為鐵片製，供大合蟬弩發射用。

（72）狼舌人箭：頭為扁平狀，兩隻相連，純圓，杆以木製。專供射馬用。

（73）射虎鈚箭：長二尺九寸，頭為鐵製，呈三棱形，長一寸五分，寬九分，杆以楊木製，羽以雕羽製。為清代弓射箭。

（74）透甲錐箭：頭為圓錐形，前尖中粗後略細，杆以竹或木製，明代弓射箭。

（75）斜子箭：箭的一種。頭為銳三角形，中有脊，兩隻後角銳利而朝後突出，杆為木或竹製，供三弓斜子弩發射。

（76）梅鍼箭：全長二尺九寸，頭為鐵製，與角頭箭箭頭相似，杆以楊木製，羽以雕羽製。清代弓射箭。

（77）菠菜頭箭：頭如菠菜狀，扁平鈍圓形，後有兩排倒鉤，均很鋒利，杆以木或竹製。明代弓射箭。

（78）鏟子箭：頭前部扁平尖針狀，中部如倒月牙鑲

形，後部為銳三角形，杆以木或竹製，專為射馬，明代弓射箭。

（79）鑿子頭箭：頭扁平如月牙鏟狀，杆以木製，其多用於射馬。明代弓射箭。

（80）筒子箭：用竹製成箭囊，內裝 15～20 枝，囊上縛帶可背或束於腰際，頭為扁平槍頭形，杆為竹製，長尺半，杆尾端以雀毛作羽。明代手擲箭。

（81）雹箭：以骨為鏃的箭。《南史・齊本紀上》：「蒼梧王漸行凶暴，屢欲害帝……及取雹箭，一發乃中帝臍。」

（82）綦衛：古時用綦竹製的羽箭。《列子・仲尼》：「引烏號之弓，綦衛之箭。」張湛注：「烏號，黃帝弓。綦，地名，出美箭；衛，羽也。」

（83）踏橛箭：箭頭為銳三角形，中有脊，兩隻後角銳利而朝後突出，杆以木製，呈方棱形。供手射弩發射用。

（84）篇矢：竹箭。《呂氏春秋・貴卒》高誘注：「小曰鏃矢，大曰篇矢。」近人陳奇猷注：「『篇』為竹名。則篇矢以竹為，不以金為鋒。」

（85）燕尾鈚箭：長二尺九寸，頭為鐵製，呈扁平燕尾狀，燕尾剪尖略向外翹，長二寸，尾尖寬一寸五分，杆以楊木製，羽以雕羽製。清代弓射箭。

（86）矰（zēng）：①古代繫生絲以射鳥雀的箭。《史記・老子傳》：「走者可以為罔，游者可以為綸，飛者可以為矰。」②短箭《國語・吳語》：「萬人以為方陣，皆白裳、白矰、素甲、白羽之矰，望之如荼。」

（87）鞭箭：短小，頭為扁平，銳三角形，頭部細針

狀，杆以木或竹製。明代用銅溜子發射的箭。

（88）攢竹箭：頭為三個上連的棱形，中有脊，杆以竹製，較一般箭長。明代弓射箭。

第四節　古代火箭類

中國古代火箭的種類很多。早期的火箭是以油脂、麻布、草艾等易燃物裹於箭頭之下，點燃後以弓射出。火箭在軍事上的運用應始於唐代末年。據《九國志・鄭璠傳》記載：唐昭宋天佑元年（904），楊行密的軍隊圍攻豫章，部將鄭璠「發機飛火，燒龍沙門」，許洞在《虎鈐經》中釋「飛火」即為火炮火箭之類。火箭的發射方法，早期以弓發，至宋代採用桶形管狀發。利用火藥燃燒時向後噴射反作用推動火箭。形式有單級和多級兩大類。其中單級又可以分一發一箭和一發多箭兩種。特別是飛空砂筒的出現，不僅能發，還能回收，在火器發明中是個偉大的創舉。

至清代，古代火箭被退出了戰爭的舞臺。但古代火箭對後來的軍事研究和科技發明起到了奠基石的作用，其意義深遠廣大。現介紹如下幾種古代火箭：

（1）一窩蜂：為宋代發射火箭。可以次發三十二枝。全長四尺四寸，箭頭為銳三角形，下有四寸長藥桶，杆以荊棍製，長四尺二寸，羽後鐵錘，發射器為六角形桶，上粗下細，內有二層隔板，板上均勻分布細孔，箭從孔中依次插入，將導火索相連，從點火孔穿出，平時桶有蓋，用時揭去蓋，點燒導火即可發射。因其桶上大下小，發射後，覆蓋面

很大。

（2）**二虎追羊箭**：為宋代弓射火箭。長約三尺五寸。頭為三叉形，中一支形如槍頭，兩旁各有一支從中下端環抱中分支而出，分向左右，形如扁平三角形，頭下有兩只藥桶，加大發射力。羽前面有兩塊鐵體，豎於杆上，以增飛行平穩性。用時點燃藥桶導火線，再用弓射。

（3）**九龍箭**：宋代發射火箭，可一次發九枝箭。發射器是圓桶狀，火箭依次插入，將導火線連接後，從點火孔穿出。下部為杆，長約 200 公分。杆尾有鐵鐏，用時點燃導火索，對準目標，即可發射。

（4）**三支虎鉞**：宋代管射火箭。一次可發三支，故名。上部為扁平形筒體，內裝三支箭，筒底外側有點火孔，導火線連接後從孔中穿出，中部的長杆，長約 100 公分，底部為棱形槍頭，該器兩頭可用，既可作槍，也可發火箭。

（5）**小一蜂窩**：宋代管射火箭。長二尺九寸，頭蛇牙狀，下縛有 2 只藥桶，增加發射力。用時將箭放入管形器內，點燃後即可發射。

（6）**小五虎箭**：宋代管射火箭。式樣同五虎出穴箭，而稍小。長一尺九寸，藥桶長四寸，以荊棍為杆。參見「五虎出穴箭」。

（7）**小竹筒箭**：宋代弓射火箭，長二尺，頭如槍尖，下縛藥桶，平時置於竹筒中，發射時從筒中取出，先點燃後再用弓射。

（8）**飛刀箭**：宋代弓射火箭。長四尺，箭鏃如刀形，藥桶置於鏃下，用時點燃再用弓射。

（9）**飛空砂筒**：宋代多級火箭，將砂石與火藥混裝於

筒內，通過一級火箭向前發射，吐出砂石，然後點燃二級火箭，使該器自行返回。

（10）**飛槍箭**：宋代弓射火箭。長三尺五寸，頭如槍頭，前尖，有脊，石平，藥桶縛於頭下，先點燃後用弓射。

（11）**飛劍箭**：宋代弓射火箭，長三尺五寸，頭如劍，前尖，後面有二銳角，藥桶縛於頭下，點燃後用弓射。

（12）**火龍出水**：宋代多級火箭。為圓形直筒，用竹去節而成，筒內貯火箭，頭為龍頭狀，龍口與筒內相連，龍頭和筒體下各有兩支火箭，每支箭頭下有1只藥桶，引信相連。用時先點燃龍頭和筒體下導火索，筒體即自行騰空飛出，當藥燃盡後，自行點燃龍腹內火箭，火箭即由龍口飛出，繼續前進，直至擊中目標，射程很遠，約二、三里。可水陸兩用（圖58）。

（13）**火拓榴箭**：漢代弓射火箭，長約三尺半，頭為銳三角形，中有脊，後有兩個尖角，鐵製，頭下縛有一個圓形包，內裝油脂等易燃物，導火線露於外，用時點燃後用弓射擊，箭至燃燒對方。《魏略輯本》：「諸葛亮進攻郝昭，起雲梯沖陳川臨城。昭以火箭逆射其雲梯，梯燃，梯上人皆燃死。」此為我國最早使用火箭的記載。

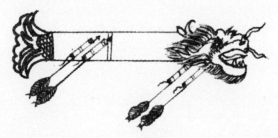

圖58　火龍出水

（14）**火弩流星箭**：宋代管射火箭。可一次連續發射五支火箭，發射器為帶柄圓桶形，上部為圓桶，內裝五支箭，導火索穿於點火孔外，下部彎柄與直手柄相連，用時一手持柄，點燃後，另一手持彎柄，箭依次發出。箭頭上蘸有「虎藥」，見肉即爛。

（15）**五虎出穴箭**：宋代管射火箭，長二尺五寸，形如槍尖，有脊，後有兩隻銳角，下縛藥桶，長為三寸，羽後有鐵錘，發射器為圓桶形，上部形如飯碗，繪有虎形圖案，有一點火孔，下部為直筒圓形，用時將五支箭同時插入筒內，筒底有井字形鐵條柵欄，將導火線連接穿出點火孔，發射對準目標，點燃即射出。

（16）**長蛇破敵箭**：宋代管射火箭。可一次發射三十支箭。長三尺一寸，頭二寸，為銳三角形，後有二角，杆長二尺九寸，竹製。箭頭縛有四寸長藥桶，羽下有鐵錘，發射器與貯存器同一，為長方形，中有兩塊帶孔隔板，箭依次按孔插入，旁有火門板，為點火處，方筒有繩可縛於雙肩，筒上有蓋，同時揭蓋點燃即可發射。

（17）**雙飛火龍筒**：宋代管形火箭。一次可發五支，發射器為直筒形，分上下兩部，各裝五支箭，兩頭可分開使用。

第七章　暗器兵械種類

　　暗器，是指匿藏不露，可出其不意地投擲或彈射擊人的武器。由於形狀及投射方法有別，大體上分為手擲暗器，索系暗器，機射暗器及其他暗器四類。

　　手擲暗器以手使勁擲出暗器為主，如脫手鏢、梅花針、飛刀、飛蝗石等；索系暗器則一手持繩，另一手甩出暗器為主，如飛爪、飛錘、血滴子、繩鏢、錦套索等；機射暗器則借助彈簧機括彈出暗器擊人，如袖箭、彈弓等；其他暗器指預先匿藏於手足部位或地面的暗器。下面作一介紹：

第一節　手擲暗器類

　　（1）飛刀：有雙刃與單刃之別。均以鋼製。雙刃飛刀，長八寸（其中刀身六寸），重十兩（其中刀身重三兩餘，鐵柄重四兩餘，刀盤重二兩）刀身上銳，刃薄如紙，呈柳葉狀，又稱「柳葉刀」。柄末纏有紅綠綢帶，長約二寸。單刃飛刀重約八、九兩（圖59-1）。每十二把為一

圖 59-1　飛刀

鞘，參差列為上下兩排，每排六把，插於鞘中，柄外露，右手用刀則刀鞘斜縛於左，左手用刀則反之。

（2）飛刺：鐵製，長約七寸，重約六、七兩，形似細筆管，兩頭尖銳，中間隆起，其尖有三棱狀和渾圓狀兩種，每十二枝為一排，刺袋形如箭插，兩旁有帶，可縛於肩背或腰挎。

（3）飛劍：重約五兩，劍身長約七寸，劍柄長約二寸，寬約半寸，帶時以6劍為一排，一鞘可分上下兩排插十二把，鞘兩旁各有一排，可縛於肩背間。

（4）飛鐃；源於樂器。其式樣有兩種，一種直徑為一尺，另一種直徑為六寸。兩種形狀與樂器中鐃相同。有銅製或鋼製。其四周邊緣皆薄而鋒利。飛鐃之用全憑鐃飛旋，以四周薄刃處擊打人。發鐃可用手捏飛鐃邊緣，空手旋轉，遙擲擊人。飛鐃之用常突襲而出，殺傷力大，一般躲避頗難。

（5）飛蝗石：取石塊為用，其石以青石為上品，麻石次之，黃石為下品。石體以細長為佳，須上銳下豐。其形狀無一定限制，可錐形、方形、棱形。石長約在三寸之間，重有六、七兩。飛蝗石貯於囊中而佩於腰間，發時以其外形之棱角傷人（圖59-2）。

（6）月牙鏢：鐵製，狀如月牙，中部有一突出銳角，牙尖為銳角，鏢身有脊，中間隆起，兩邊薄而有刃，長三寸半，最寬處半寸，平時貯於囊中，擲時以銳角薄刃傷人。

（7）火龍鏢：長三寸，重三、四兩，刃有銳三角形、圓錐形、三刃形，也有刃上帶勾，鏢尾繫紅綢，以固定方向，出手後，形似火龍沖向對方，而得此名（圖59-3）。

（8）如意珠：是一種體圓細小珠狀鐵丸，每枚重三、

圖 59-2　飛蝗石

圖 59-3　火龍鏢

圖 59-4　如意珠

圖 59-5　角形流星

四分。是外形最小的一種暗器（圖59-4）。發放時，以二指輕輕扣住鐵珠，然後以另一指指甲向外剔出，使之遠射。如意珠因其體小而輕，一般難以遠射，故專攻人薄弱部位。但久經練習，也可遠射。

（9）角形流星：其形流星體積較小，形狀為棱角形（圖59-5）。參見「小流星」條。

（10）金錢鏢：又名「羅漢錢」，此暗器用清代有孔大製錢挫磨其圓邊，成刃角。此器因容易製造和攜帶，因此在清代廣為流傳，是所有暗器中使用最為普遍的一種（圖59-6）。金錢鏢以飛擲而傷人，多傷人面目和手腕。此器練習

較難，一般練至飛擲三十步能陷入樹中，方為成功。

（11）亮環錐：其錐長六寸。杆為鐵製，粗約三分。後端有雕翼羽三枚，等分附於杆上。錐尖為針狀，突出於錐杆之前，長約一寸。亮環錐十二枚為一囊。以軟質牛皮為囊，懸掛於脅下腰際。

圖59-6　金線鏢

（12）流星箭：其式樣與普通之箭相同。箭頭、箭杆均為鐵製。箭頭為三菱形。箭杆中空，內灌鉛四兩。箭羽為大鳥羽毛製成。通體長五寸。用時手捏鐵杆而拋擲。

（13）鐵梭：此暗器以鐵製之，形如梭子，弧形處刀刃鋒利。長約二寸至四寸之間。

（14）鐵彈丸：彈丸大小均有，小者如赤豆，大者如黃豆。小鐵彈丸可藏於口中，近戰時出其不意從口中吐出傷人眼睛。大者藏於袋中，以手擲傷人。

（15）鐵橄欖：俗稱核子釘，亦稱棗核箭。此器以純鐵打製而成。重在一兩至一兩二錢之間，形如橄欖狀。鐵橄欖每枚長約七分，兩端尖利如鏢頭，中間粗大，周長約七、八分。此器也有與毒藥混合煮熬，或將毒藥膏塗於兩端，曬乾之後，以此器傷人，中者見血即死。

（16）鴛鴦礦石：以堅硬石塊打磨而成，長二寸，如蛋卵形。以兩只為一對（圖59-7）。平時藏於袋中或袖中，用時取出擲人，以力傷人。

（17）袖圈：其形狀為圓形鐵圈，不用時藏於袖內（圖

圖 59-7　鴛鴦礦石

圖 59-8　袖圈

59-8）。用時取出袖圈而擲人，以其重量傷人。

（18）摔手箭：是擲箭的別名。參見「擲箭」條。

（19）梅花針；此暗器比一般縫衣針略大，針尖為五刃、三刃或多刃形不等。梅花針一般不用於進攻，而用於防禦。一旦撒跑時，為阻人追擊，即從袋中取出梅花針撒在地上，以此傷人腳。

（20）擲箭：北方人稱之為摔手箭。擲箭源於周代投壺。擲箭有三種式樣。一種是通體以鐵製成，長九寸，細小如指，箭鏃呈三角形，杆近鏃處則細，愈向後愈粗，用以調整重量，發出後可作直線飛行。此箭無羽，重十兩。每十二枝為一插，易為初學者練習。另一種是鐵竹合製，鏃為鐵製，杆為竹製，無羽，長八、九寸，重約二兩。此作第二步練習之用。第三種是全以竹製，無鏃無羽，通體渾圓，前銳後豐。功成之後，能在百步外刺入胸膛。

（21）脫手鏢：在清代較為流行。通體長三寸六分，重六、七兩，其鏢頭有三棱、五棱和圓形等狀。脫手鏢一般為鐵製。常見的式樣有三種：

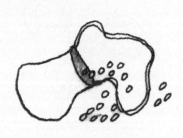

圖 59-9　少林鐵蓮子

圖 59-10　少林飛叉

　　第一種是帶有鏢衣的鏢。鏢杆尾端扎有紅綠綢帶，長二寸許，以此鼓風乘勢而中目標；第二種是光杆鏢，鏢尾無鏢衣；第三種是毒藥鏢，用各種毒藥混合之後與鏢同煮。或將毒藥熬成膏狀塗於鏢頭，一旦鏢入人體，毒性發作致人性命。

　　脫手鏢一般以十二枝或九枝成一槽。鏢槽以牛皮製成，用時背在身上。每槽鏢中通常有一枝是絕手鏢，此鏢較其他鏢為大，在不得已時方才使用。此鏢長約四寸，重逾七兩。習武之人，一般只製鏢一槽，有鏢盡人亡之說。脫手鏢的發放有手捏鏢頭和平端鏢杆兩種方法擲之。

　　（22）鵝卵石：此暗器選鵝卵石中通體圓滑之石塊，大如鵝卵，以重量及實力傷人。石重十二兩左右，以質地堅實，外形圓滑者為佳。石貯藏於囊中斜背肩上。

　　（23）少林鐵蓮子：形如蓮子（圖 59-9），為少林門中主要暗器之一。平時裝於袋中。明代元空僧人練此器。

　　（24）少林飛叉：全長六寸，尖長三寸三分，把長二寸七分（圖 59-10）。

圖 59-11　少林亮銀飛鏢

圖 59-12　少林燕子鏢

圖 59-13　少林袖箭

圖 59-14　少林棗仁鏢

（25）**少林亮銀飛鏢**：全長四寸二分，後有纓，以環相連，明代悟雷法師練此器（圖 59-11）。

（26）**少林燕子鏢**：全長二寸七分三厘。明代洪榮高僧練此器（圖 59-12）。

（27）**少林袖箭**：全長四寸五分，後三角長一寸六分五厘，寬五分七厘。明代洪榮高僧精此暗器（圖 59-13）。

（28）**少林棗仁鏢**：全長一寸五厘，形如棗仁，大者超一倍也。明元空和尚練此暗器（圖 59-14）。

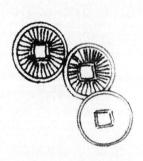

圖 59-15　少林金線鏢

圖 59-16　少林七星鏢

圖 59-17　少林摔手箭

圖 59-18　少林飛鏢刀

（29）**少林金錢鏢**：鏢直徑為一寸左右，周圍有刃，內有方孔。明代同梁，清代海潤等精此器（圖 59-15）。

（30）**少林七星鏢**：外尖直徑長二寸一分，內圓直徑一寸。明代洪榮、廣順、道時等精此器（圖 59-16）。

（31）**少林摔手箭**：長七寸二分，箭端有鐵鑱頭，其後接藤杆，以大指和食指提其後端，自懷中向外摔射而出。少林高僧洪榮、玄志精此器（圖 59-17）。

（32）**少林飛鏢刀**：長六寸，寬三寸，為三尖兩邊有刃的刀形暗器。用時可握捏其中一尖，向橫直上下方擲出。明末同梁，清代靜樂等高僧精此器（圖59-18）。

第二節 索系暗器類

（1）**飛鉤**：明代所創。又稱「鐵鴟腳」。形如船錨。鐵製，在圓杆上伸出四隻倒鉤，鉤頭尖銳，杆尾有圓孔，貫以鐵環，繫以粗索，此器沉重，力大者方能使用。用時將飛鉤擲出，攻擊對方（圖60-1）。多用於水戰。

（2）**飛石索**：古代原始人類將穿孔石球，用藤索繫住，在狩獵中順手拋出，利用旋轉之力把野獸的四肢纏住。它是流星錘的雛形。

（3）**飛鉈**：由兩部分組成：即鉈與繩。鉈為圓錐形鐵器，頭部為鈍圓形，錐尖處有環可繫繩索。鉈為兩個，其中一個鉈的頂端有細鐵刺。繩長二丈，繩尾端有個千斤套腕（圖60-2）。

圖60-1 飛鉤

圖60-2 飛鉈

（4）飛爪：由爪和繩兩部分組成。爪的大小如同人手掌，以鐵製成。飛爪形如人掌，為五指和手掌。中指長，餘四指短，特點是掌短而指長。除大指外，其餘四指均由三節組成。第一節之端如雞爪之銳，每節相連之處，均有活絡關節相連。掌面為中空，上有五孔，孔中插入各指。五指插入掌內之端，用一半圓鐵環橫貫。掌後部有一鐵環，環套於半圓形中間，是整個手掌活動的總樞紐。手指中各小關節，均為小機括，以繩索控制。掌後有一鐵環繫有軟索。軟索以鹿筋或牛筋劈開與人髮蠶絲混編而成。末端挽一圓圈，即成千斤套腕。飛爪用時，以爪拋出擊人，速拋動繩索，小機括使爪尖深陷人體，使人不能逃脫（圖60-3）。

（5）飛錘：由錘和繩兩部分組成。錘為鐵錘狀，下有圓柱形鐵杆與其相連。鐵杆下端有環，可繫繩索。繩長一丈五至二丈。繩尾端有千斤套腕（圖60-4）。

（6）崩龍袖錘：又叫「飛打」。形如現代手榴彈的彈頭，鐵製，一端有環繫以繩索，長一丈，索尾套於腕，使用套腕，以五指握錘擊，也可舞索將錘拋出擊打。用法有打、沖、砸、投等。

（7）小流星：此暗器屬流星錘的一種。參見「流星錘」條（圖60-5）。

（8）馬施：由繩槍、槍刺組成。一頭有圓形套圈，另一頭和槍刺相連，長不過二尺半，槍刺長八寸，直體圓錐形，專門傷馬。用時，在馬行之草叢中，將槍刺輕插在地上，圈隨意平撒在草叢中，當馬踏入套圈中，即將繩索帶起，拖槍刺亂晃，槍刺即可刺傷馬腹。

（9）雙飛撾：為明代所製。其形狀為一對手掌形鐵製

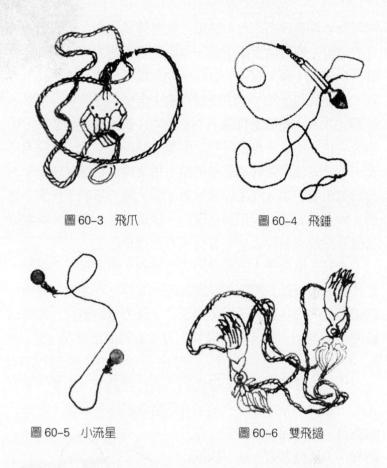

圖 60-3　飛爪

圖 60-4　飛錘

圖 60-5　小流星

圖 60-6　雙飛撾

器械。上有五隻可以活動的鐵指，當中以活絡機構聯結。其下有繩相連，抽動繩索，掌內機構便受到牽動，五指向內合攏，一旦飛撾人體，五指便陷入肉中，難以拔出（圖 60-6）。明・茅元儀曰：「用淨鐵打造，若鷹爪樣，五指攢中，釘活，穿長繩繫之。始擊人馬用大力丟去，著身收合，回頭不能脫走。」清代之飛爪，則沿用此制。

　（10）龍鬚鉤：以鋼製成，長約一尺。鉤分為兩部分。

前部為半圓形，中心有一鐵環，軟索繫於其中。半圓形向前分成兩股，略有曲折如矛頭，兩股間相距約六寸。兩股之外均有刺如鋸，齒尖向後，股端各向外彎轉成鉤。鉤頭長二寸許，其端銳利異常，且內外均有若干鋸齒，通體為扁平狀。股闊約六分，彎轉處較闊，不及一寸。鉤頭愈往後愈狹，端頂成尖銳三劍尖。鉤頭與股之距離最闊處為二寸，最狹處不及一寸，鉤頭由彎轉處逐漸楂開，故彎轉處相距較狹，而鉤尖頭處距離較闊。後部圓處呈扁平狀，無刃無刺，作握手之用。軟索長三丈。前端穿結環內，後端有千斤套腕。軟索以人髮與熟絲夾雜而成，如有劈鹿脊筋則更佳。

（11）**血滴子**：由繩索和刀片組成。繩索長二丈有餘，索尾有千斤套腕，索頭部以繩為圈，直徑一尺半餘。繩圈上均布有薄刃刀片，刀片間距為三寸。薄刃處朝圈內。用時以繩圈套人頭頸，然後收動繩索，刀片旋轉而割頭頸（圖60-7）。

（12）**棉繩套索**：一般索長一丈二尺以上，亦有二至三丈者，用棉紗製成。也有用牛脊筋劈成細絲與頭髮、純絲三物混合一處而編成的繩索，堅韌異常。這種套索一端手握或套於腕上，另一端繫成環繩活扣，用時猛力抖出，套敵頸或其他部位，然後用力拉緊，越是掙扎，活扣越緊，不得逃脫。

（13）**錦索套**：索長一丈二尺，以鹿筋或牛脊筋劈成細

圖60-7 血滴子

絲，與人髮和蠶絲混編而成。錦索一端繫有一鐵錨狀鉤頭，鉤頭左右各生一倒鉤，鉤尖前銳後豐。近鉤二尺內有無數細小針芒藏於繩中，可防人以手接握。索的另一端有千斤套腕。用時右手套入千斤套腕中，手持鉤頭，猛抖數次，然後用力甩去，以鉤擊人。

第三節　機射暗器類

（1）鐵鴛鴦：此器通體為鐵製成，長三寸，寬寸半，頸部彎曲，頭部上翹，嘴向前，二翼可活動，能開閉，形狀如鴛鴦。鐵鴛鴦口部略張，上下兩片均為銳利有刃，如龍舌槍頭，鐵鴛鴦每枚重六、七兩，胸部扁平，如鴛鴦戲水，僅見其上半身，而不見其足。其舌可以活絡，後部接有一彈簧機關，機關後部又有一鉤如弩牙通出頸處，以一絲弦扣之。弦之兩端繫於兩翼，翼底有軟鋼片撐持之。發射前先將兩翼用鋼片撐起，然後用弦扣住頸處之機括，則舌後之彈簧即縮入頸內，舌也隨之縮入。

此器一旦中的，其嘴部著物，全身受震，軟鋼片即滑出，兩翼因下戢，弦脫其鉤，頸之阻礙物離去。彈簧立即彈擊，使舌脫離其頸向外射發（圖61-1）。此器以二枚為一聯，用法與脫手鏢相同。

（2）四門張：由兩條弧形竹片相背纏繞而成。每條竹片兩端各裝一個硬圓球（直徑約四公分，為皂角、石灰搗碎後與膠混和後砸實而成），中

圖61-1　鐵鴛鴦

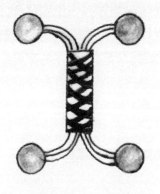

圖 61-2　四門張

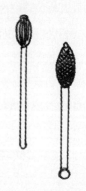

圖 60-3　點穴判官筆

間纏繞部分作握手，有四塊不相連的木塊夾填，因木塊有空隙，可增加竹片的彈性。四門張以發射圓球而傷人，主要用於打穴（圖61-2）。

（3）**點穴判官筆**：亦是短器械的一種。其筆長一尺二寸，粗約八分，其體為一空心鐵管，尾端以鐵蓋嚴。管內裝有彈簧和銷子。鐵管頂端三寸處逐漸向上較細，其頂端直徑不過三分。筆尖為針狀，突出鐵管一寸。用時將筆尖以硬物壓入鐵管之用，然後以銷子鎖緊不使其飛出。用時可執筆點打，如欲作暗器用時，只須撤壓銷子，銷子一鬆，其筆尖則突然飛出，以針尖傷人。點穴判官筆可以單使，也可雙使（圖61-3）。

（4）**弩箭**：又稱背弩或緊背低頭花裝弩。弩箭的形狀與一般手持之弩相似，但體形較小。弩長八寸，弩臂也長八寸，箭長六寸有餘。此器較手用弩多三根繩索。二索從左右繫於二弓淵之上，結成圓形。另一索則繫於弩機上。

其用法是：「將弩平貼背上，左右二繩圈套於二臂，其

繫於弩機之繩，一端繫於腰帶上，弩背之出口處向上，靠於
對口六處。用時貫矢於臂，扣弦於弩機之上，人將身體向前
一躬，繫於腰間之繩因腰背部的震動而向下拉，此時便觸發
弩機。弩弦脫機，激箭發射。」箭為無節竹竿而製，鏃為鐵
製，呈扁平狀箭頭形。

（5）單筒袖筒：筒體為圓形，以銅鑄成，長八寸，直
徑八分，筒頂有蓋連於筒身，不能啟開。蓋中央有一小孔，
為裝箭之處。筒蓋旁一寸處有活絡蝴蝶翅一片，為鋼製。插
箭筒中，關住蝴蝶翅，即將箭軋住。一開啟，箭即飛出。內
部有彈簧，長與筒相等，直徑比圓筒略小，頂上有一鐵板，
至每一回旋處，二銅絲相距約一分，有收縮之力。箭杆用光
杆竹製成，長七寸，粗如最細之筷，上面裝有銳利的鐵箭
頭，長約一寸。箭杆上部有微陷之處，作蝴蝶翅將箭關鎖之
用。另有一箭插，每插十二箭，用時先插箭於筒，將彈簧用
力壓下，用蝴蝶翅將箭關住。發射袖箭時，只須扳動蝴蝶
翅，借彈簧之力，袖箭即可發出。袖箭發射之遠近，全靠彈
簧之力。

（6）鐵蟾蜍：其外形與蟾
蜍相同，頭部為三角形，嘴尖
利，前面有二足，環貽兩頜之
旁，爪與頭平，爪端亦銳利，其
尾部極闊，後面一足，則蜷佔股
標，腹部平滑。通體長三寸，尾
闊寸半，口闊約四分，前後兩爪
相距約二寸，每枚重約六兩（圖
61-4）。

圖 61-4　鐵蟾蜍

（7）踏弩：為藏於馬鞍旁踏鐙下之暗器，用腳踏而發射。弩背上有一繩，緊縛臂於馬踏鐙之下，另以二繩繫左右弓淵之上，一端則縛於踏鐙之耳環，臂口向前，弩機在後。弩機之上也有一繩縛之，其另一端則縛於人之腳脛處。用時只須將腳向後一踏，繩震弩機，弓弦即脫，箭即射出。

（8）鬼箭：由弓、箭和絆索組成。先擇一道行道旁，將弓橫臥固定，一次裝四枝箭於弦上，並把三根絆索一頭用木樁插入地面，另一頭繫於上緊之弦上，將弓張開，如行道者不慎踩動絆索則弓弦突鬆，四箭同時發出。

（9）袖炮：其形狀與背弩相同。弓上加有一臂，裝有機關發石傷人。其臂為方筒形，一端架於弓之上，兩側皆有一細小之槽，長與臂相差無幾。弓弦即橫貫其中，賴槽而上下移動。臂之中部為炮膛，盛炮彈，臂之後部為弩機，半裝於臂之外，即用鉤撥之處，其另一半則嵌在炮之末端，為扣弦之具。炮膛為圓槽形，僅可容一子，而子按弦上不只一枚。弩之橫側為六寸，臂長約七寸，藏於袖中。用時一撥弩機，石子即可連續打出。石子選用天然石卵，質地較堅，大小如指尖。

（10）梅花袖箭：是一種機射暗器。此器裝箭一次，可連續發射六箭。其筒體為鋼製，直徑一寸二分至一寸五分，長八寸，頂端半寸處有一大蝴蝶翅，作發射正中一箭之用。周圍有五管，排成梅花狀，每一小管頂端處皆有一小孔，通於處面之蝴蝶翅，是鎖箭發箭的機關。每一小管中有一只彈簧，六小管之末端裝在箭筒之蓋內，以螺絲旋合於筒身，筒之前端亦有六孔，為裝箭之處。匣蓋之後綴以小鐵圈。梅花箭射放時，須將筒身隨之旋轉，同時以繩索繫於大臂之上。

箭之式樣與袖箭相同。

（11）**彈弓**：彈弓式樣與常見彈弓相同，惟尺寸較小。彈弓之弓胎以鋼片製成，弦以鹿筋和人髮混編而成。弓置於韝中，長及弓的三分之二，弓的三分之一露於外。彈弓發射之彈丸，為鐵製或石卵，大小為三分左右，平時彈丸貯於囊中。

（12）**雷公鑽**：鑽與錘構成，錘形如花鼓，鐵製，重三四斤，一個柄貫穿於中央，粗盈把，長六寸餘，鑽呈方形，長七八寸，端尖形如鏢頭，體有八面，前銳後豐，至端末每邊長一寸，重約斤餘，發射時，左手帶皮製手套執鑽，右手握錘猛擊鑽末，使鑽石飛速射出。

（13）**鐵蓮花**：此暗器是裝有機關的鐵製花狀物，其形狀如含苞待放之花蕾，二蒂併合成一處，居中有一未含之縫。苞兩側，皆有棱起之銳刃，頭部尖銳。花苞長三寸，上尖下豐，最豐處直徑二寸餘。花苞末端有一環，與苞內機關相通。此機關為一彈簧機構，平時彈簧壓縮，用一橫栓固定。用時繩索一拉，橫栓拉脫，彈簧即向兩邊彈出，使苞背向外擴張，以苞背銳刃傷人。苞後索以丈二繩索，索以牛筋或鹿筋劈成細絲與人髮蠶絲混編而成。索後有千斤套腕，苞重十二兩。

（14）**少林低頭弩**：少林機射暗器的一種。長八寸一分，寬五寸四分，有繃簧，內裝箭頭長一寸五分，低頭射出。清代祖良精此器（圖61-5）。

圖61-5　少林低頭弩

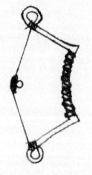 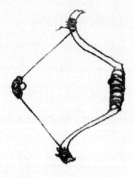

圖 61-6　少林鐵彈弓　　　　圖 61-7　少林鐵彈弓

（15）少林鐵彈弓：弓長一尺三寸，蛋丸可大可小，鐵製而成。明代慶志高僧精此彈弓（圖 61-6、圖 61-7）。

第四節　其他暗器類

（1）指針：是一種藏在手中的暗器。其形狀如縫衣的頂針箍。箍上有一鐵針豎於其上。用時戴於手指中節，針尖朝外，當拳面擊人時，針入人身而傷人。

（2）袖內劍：一種藏於袖內的暗器，鋼條製成，長一尺五寸。前端呈「山」字形，後有尺許長短劍把，擊法有刺、架、頂、掃、戳、格、撥，可長可短（圖 62-1）。

（3）挑針：此暗器以鋼針若干製成，長約四分，後有厚皮革，常置於鞋尖。尤為女子使用，在突施鳳腳時，以排針傷人。

（4）踢腿飛針：是將針裝置在有彈簧的護腿上，當對方用腳踢到此護腿裝置後，裡面的針立即飛出來。此種暗器有很大的隱蔽性（圖 62-2）。

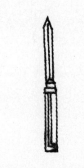

圖 62-1　袖內劍

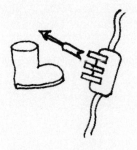

圖 62-2　踢腿飛針

圖 62-3　有尾飛鉈

圖 62-4　鞭鉈

（5）**有尾飛鉈**：一種鐵鉈並裝有綢帶，打出去後可以保持飛行方向（圖 62-3）。

（6）**鞭鉈**：鏢頭和鉈之間用繩繫連（圖 62-4）。

第八章　其他各種兵械種類

第一節　稀有兵械類

（1）**煙袋杆子**：亦稱攔面叟，稀有兵器。原本是吸煙工具，長三尺餘，杆身用密節竹或硬雜木，杆頭有銅質煙鬥，杆梢有銅質煙嘴，杆內灌有鉛，中間注孔。平時吸煙，急時擊敵（圖63-1）。技法有托、劈、點、掃、架、挑、勾等。

（2）**雙魚檔**：稀有兵器。形似魚身，套在前臂上，可作擋格刀棍襲擊的護身兵器，在近戰，尤其在行艦水戰中，左右逢源，靈活多變。

（3）**龍頭船兵**：古代兵器，稀有兵器之一。以硬木厚坯精心雕琢而成。全長137公分，寬21公分，厚35公分，鋒面寬1.5公分，龍頭長13公分，龍頭後部祥雲長13公分，雙龍嘴顎部所含棍長91公分，圓棍直徑為4公分。雙龍嘴內含有兩顆「珍珠」，舞起來滴溜溜轉動，戛然有聲。龍嘴中之珠亦為料坯於嘴內琢成

圖63-1　煙袋杆子

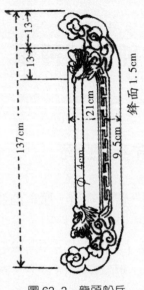

圖 63-2　龍頭船兵

圖 63-3　少林八寶避雲傘

（圖 63-2）。

　　（4）護手大連刀：屬稀有兵器。
長 1.6 公尺，兩頭呈單刀形，中間 50 公
分處有月牙鑱形護手二個。護手大連刀
在浙江湖州市郊發掘。此刀多在船上使
用。

　　（5）少林八寶避雲傘：少林兵器
之一。全長五尺三寸，明代洪榮、清代
靜修精此術（圖 63-3）。

　　（6）少林金鐺：少林兵器之一。
全長八尺五寸（圖 63-4）。清代湛
舉，寂袍練此器。

圖 63-4　少林金鐺

第二節　奇兵械類

（1）**牛角**：古代奇兵器。由兩個牛角相對固定於一柄上。使用時手握柄，做勾、挑、頂、攔、掃等，施展開進退有序。

（2）**虎步鶴形針**：屬奇兵器的一種。形如棱狀。又名「棱標針」。手握中部，拋之為鏢，刺之為針，鏢針合二為一。長七寸。雖小卻能靈活運用攻擊長兵器。基本用法有推、掛、架、撩、穿、刺、拋等。

（3）**筒子鞭**：古代奇門兵器。又稱「筒子鏢」或「筒子棱」，由四部分組成。

一是筒部（也稱竹鞭）。用長約 60 公分、粗約 4 公分、內徑 3 公分的竹竿或堅木製成。鞭梢端節一節竹隔鑽一個直徑約 2 公分的圓孔（此節用於藏鏢頭）。餘者各節隔全部打通，每節中段束一銅或鐵箍，防止筒鞭破裂。

二是鞭索，用長約 4 公尺的熟皮條，擰成粗約 1.5 公分的柔軟皮繩一根，順穿竹筒，前端繫鞭頭，後端繫袖環。

三是鞭頭（也稱鏢頭）。用精鋼煅打而成。狀呈三角棱形，三單面開槽，如手鏢式樣，長 12 公分，重約 250 克。

四是鞭尾，由粗約 1.5 公分的銅或鋼條製成一直徑 10 公分的圓環，俗稱袖環或救命環。

筒子鞭具有軟硬兵器之長，並有靈活多變、可放可收的特點。

（4）**日月牙**：半圓形帶鋸齒狀短兵。半圓一邊有握手槽空（圖64-1）。

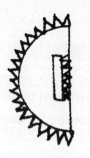

圖 64-1　日月牙

圖 64-2　鐵稜

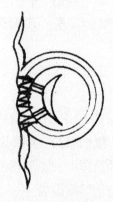

圖 64-3　風火輪

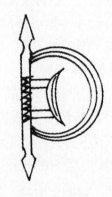

圖 64-4　跨虎攔

（5）鐵稜：護手前有一弧形開刃（圖 64-2）。

（6）風火輪：護手是月牙，在月牙外再有一圓形圈。手柄上下沿伸出兩個火焰彎曲刃（圖 64-3）。

（7）跨虎攔：武術短雙器械。長 36 公分，鐵製。把手為圓柱形，長六寸，兩端各為三寸長槍頭，呈棱形扁平狀，握手處兩端有半圓環刃圈，圈內有月牙形護手刃（圖 64-4）。

（8）齒扁擔：源於清代，狀似扁擔，長約 160 公分，

圖 64-5 火林獨腿銅人

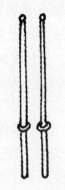

圖 65-1 鐵筷子

寬 10 公分，兩頭擱格各有三個鐵齒，隱蔽性強。

（9）少林獨腿銅人：少林兵器之一。腿長 31.5 公分，身長 27 公分，頭長 15 公分，頭上手臂長出 27 公分，總長 97.8 公分。明代玄魁法師練此器（圖 64-5）。

第三節　雜兵械類

（1）鐵筷子：係精義門雜兵器。又稱「點穴針」。由刀彩、鐵環、手柄、護手、鐵筷組成。形似匕首，但前端為圓形。也是小雙器械（圖 65-1）。其技法為纏、撥、挑、磕、穿、點、分、扎。加上腿法以蹬、鏟、彈、攔配合，運用時形體要求背圓、臂圓、胸圓，以快、猛、準、狠、伺機點穴，克敵取勝。武術套路以山西省戴氏心意拳種之獨特器械套路為本。以兩根鐵筷子作兵器，用闡勢套路的動作，配以筷子的戳、扎、點、挑、特點創編而成。

（2）**短爪**：爪的一種。形如手握筆狀。拇指尖與筆尖均銳利。爪下有一短柄，長三尺五寸。柄底端有鐵箍（圖65-2）。

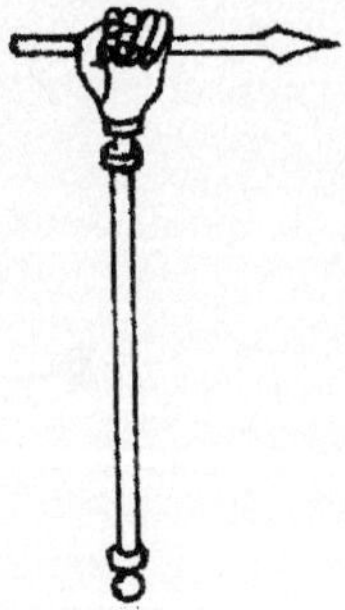

（3）**金女活手鴛鴦棒**：古代兵器，長76.5公分，中間有三節組成，兩頭尖。為古代北方少數民族使用的器械。

（4）**標鐵**：船用手擲兵器。長 180 公分，鐵製。鏢頭為四棱形，前部尖銳，杆粗可盈把，用於鑿擊扁筏。

圖65-2　短爪

（5）**小鏢**：船用手擲兵器。全長 150 公分左右，杆為木製，粗可盈把，鏢頭鐵製，扁平狀，前部為三角形。專為擲舟或船上之人而設。

（6）**梨頭鏢**：船用手擲兵器。全長 150 公分左右，鐵製，頭呈扁平銳三角形，後部有兩個尖刺，杆上粗下細，粗處約 3.6 公分，最細處為 1.5 公分，尾端呈圓錐形。專為擲舟或船上之人而設。

（7）**綠營梨頭鏢**：船用手擲兵器。式樣與梨頭鏢相似，只是鏢頭後部平直，杆長 90 公分，直徑粗約 3 公分。參見「梨頭鏢」條。

（8）**標槍**：為可擲之短槍，也稱之為標。在石器時代就用以狩獵，隨著戰爭的出現，標槍就逐漸成為征戰的兵器。但標槍在歷代均未能盛行，唯元朝蒙古軍擅長此器，所用之標槍一般槍體甚長，標槍呈棱形，頭部尖銳，比較有名的槍有巴爾槍等。標槍通常與盾同時使用，可刺可擲，方法多變。

（9）**少林拂塵**：為佛門兵械之一。把長 36 公分，尾長

圖 65-3　少林拂塵　　　　　　　圖 65-4　少林托天叉

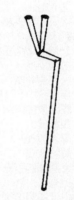

圖 65-5　少林牛頭趕棒　　　　　圖 65-6　少林牛頭趕棒

72 公分。明代悟淨師太練此兵器（圖 65-3）。

　（10）少林托天叉：少林兵械之一。頭長 36 公分，全長 170 公分。清代海參高僧練此器（圖 65-4）。

　（11）少林牛頭趕棒：頭長 23 公分，杆長 162 公分。清代祖良和尚練此器（圖 65-5、圖 65-6）。

大展出版社有限公司
品冠文化出版社

圖書目錄

地址：台北市北投區（石牌）　　電話：(02) 28236031
　　　致遠一路二段 12 巷 1 號　　　　　　 28236033
郵撥：01669551＜大展＞　　　傳真：(02) 28272069

・少年偵探・品冠編號 66

1.	怪盜二十面相	（精）	江戶川亂步著	特價 189 元
2.	少年偵探團	（精）	江戶川亂步著	特價 189 元
3.	妖怪博士	（精）	江戶川亂步著	特價 189 元
4.	大金塊	（精）	江戶川亂步著	特價 230 元
5.	青銅魔人	（精）	江戶川亂步著	特價 230 元
6.	地底魔術王	（精）	江戶川亂步著	特價 230 元
7.	透明怪人	（精）	江戶川亂步著	特價 230 元
8.	怪人四十面相	（精）	江戶川亂步著	特價 230 元
9.	宇宙怪人	（精）	江戶川亂步著	特價 230 元
10.	恐怖的鐵塔王國	（精）	江戶川亂步著	特價 230 元
11.	灰色巨人	（精）	江戶川亂步著	特價 230 元
12.	海底魔術師	（精）	江戶川亂步著	特價 230 元
13.	黃金豹	（精）	江戶川亂步著	特價 230 元
14.	魔法博士	（精）	江戶川亂步著	特價 230 元
15.	馬戲怪人	（精）	江戶川亂步著	特價 230 元
16.	魔人銅鑼	（精）	江戶川亂步著	特價 230 元
17.	魔法人偶	（精）	江戶川亂步著	特價 230 元
18.	奇面城的秘密	（精）	江戶川亂步著	特價 230 元
19.	夜光人	（精）	江戶川亂步著	
20.	塔上的魔術師	（精）	江戶川亂步著	
21.	鐵人Q	（精）	江戶川亂步著	
22.	假面恐怖王	（精）	江戶川亂步著	
23.	電人M	（精）	江戶川亂步著	
24.	二十面相的詛咒	（精）	江戶川亂步著	
25.	飛天二十面相	（精）	江戶川亂步著	
26.	黃金怪獸	（精）	江戶川亂步著	

・生活廣場・品冠編號 61・

1.	366 天誕生星	李芳黛譯	280 元
2.	366 天誕生花與誕生石	李芳黛譯	280 元

3. 科學命相 　　　　　　　　　淺野八郎著　220 元
4. 已知的他界科學 　　　　　　陳蒼杰譯　220 元
5. 開拓未來的他界科學 　　　　陳蒼杰譯　220 元
6. 世紀末變態心理犯罪檔案 　　沈永嘉譯　240 元
7. 366 天開運年鑑 　　　　　　林廷宇編著　230 元
8 色彩學與你 　　　　　　　　野村順一著　230 元
9. 科學手相 　　　　　　　　　淺野八郎著　230 元
10. 你也能成為戀愛高手 　　　　柯富陽編著　220 元
11. 血型與十二星座 　　　　　　許淑瑛編著　230 元
12. 動物測驗—人性現形 　　　　淺野八郎著　200 元
13. 愛情、幸福完全自測 　　　　淺野八郎著　200 元
14. 輕鬆攻佔女性 　　　　　　　趙奕世編著　230 元
15. 解讀命運密碼 　　　　　　　郭宗德著　200 元
16. 由客家了解亞洲 　　　　　　高木桂藏著　220 元

・女醫師系列・品冠編號 62

1. 子宮內膜症 　　　　　　　　國府田清子著　200 元
2. 子宮肌瘤 　　　　　　　　　黑島淳子著　200 元
3. 上班女性的壓力症候群 　　　池下育子著　200 元
4. 漏尿、尿失禁 　　　　　　　中田真木著　200 元
5. 高齡生產 　　　　　　　　　大鷹美子著　200 元
6. 子宮癌 　　　　　　　　　　上坊敏子著　200 元
7. 避孕 　　　　　　　　　　　早乙女智子著　200 元
8. 不孕症 　　　　　　　　　　中村春根著　200 元
9. 生理痛與生理不順 　　　　　堀口雅子著　200 元
10. 更年期 　　　　　　　　　　野末悅子著　200 元

・傳統民俗療法・品冠編號 63

1. 神奇刀療法 　　　　　　　　潘文雄著　200 元
2. 神奇拍打療法 　　　　　　　安在峰著　200 元
3. 神奇拔罐療法 　　　　　　　安在峰著　200 元
4. 神奇艾灸療法 　　　　　　　安在峰著　200 元
5. 神奇貼敷療法 　　　　　　　安在峰著　200 元
6. 神奇薰洗療法 　　　　　　　安在峰著　200 元
7. 神奇耳穴療法 　　　　　　　安在峰著　200 元
8. 神奇指針療法 　　　　　　　安在峰著　200 元
9. 神奇藥酒療法 　　　　　　　安在峰著　200 元
10. 神奇藥茶療法 　　　　　　　安在峰著　200 元
11. 神奇推拿療法 　　　　　　　張貴荷著　200 元
12. 神奇止痛療法 　　　　　　　漆浩　著　200 元

·彩色圖解保健· 品冠編號 64

1.	瘦身	主婦之友社	300 元
2.	腰痛	主婦之友社	300 元
3.	肩膀痠痛	主婦之友社	300 元
4.	腰、膝、腳的疼痛	主婦之友社	300 元
5.	壓力、精神疲勞	主婦之友社	300 元
6.	眼睛疲勞、視力減退	主婦之友社	300 元

·心 想 事 成· 品冠編號 65

1.	魔法愛情點心	結城莫拉著	120 元
2.	可愛手工飾品	結城莫拉著	120 元
3.	可愛打扮 & 髮型	結城莫拉著	120 元
4.	撲克牌算命	結城莫拉著	120 元

·熱 門 新 知· 品冠編號 67

1.	圖解基因與 DNA （精）	中原英臣 主編	230 元

法律專欄連載· 大展編號 58

台大法學院　　法律學系／策劃
　　　　　　　法律服務社／編著

1.	別讓您的權利睡著了(1)	200 元
2.	別讓您的權利睡著了(2)	200 元

·名 師 出 高 徒· 大展編號 111

1.	武術基本功與基本動作	劉玉萍編著	200 元
2.	長拳入門與精進	吳彬 等著	220 元
3.	劍術刀術入門與精進	楊柏龍等著	220 元
4.	棍術、槍術入門與精進	邱丕相編著	220 元
5.	南拳入門與精進	朱瑞琪編著	220 元
6.	散手入門與精進	張 山等著	220 元
7.	太極拳入門與精進	李德印編著	280 元
8.	太極推手入門與精進	田金龍編著	220 元

·實 用 武 術 技 擊· 大展編號 112

1.	實用自衛拳法	溫佐惠著	250 元
2.	搏擊術精選	陳清山等著	220 元

| 3. 秘傳防身絕技 | 程崑彬著 | 230 元 |
| 4. 振藩截拳道入門 | 陳琦平著 | 220 元 |

・中國武術規定套路・ 大展編號 113

1. 螳螂拳	中國武術系列	300 元
2. 劈掛拳	規定套路編寫組	300 元
3. 八極拳		

・中華傳統武術・ 大展編號 114

| 1. 中華古今兵械圖考 | 裴錫榮主編 | 280 元 |
| 2. 武當劍 | 陳湘陵編著 | 200 元 |

・武術特輯・ 大展編號 10

1. 陳式太極拳入門	馮志強編著	180 元
2. 武式太極拳	郝少如編著	200 元
3. 練功十八法入門	蕭京凌編著	120 元
4. 教門長拳	蕭京凌編著	150 元
5. 跆拳道	蕭京凌編譯	180 元
6. 正傳合氣道	程曉鈴譯	200 元
7. 圖解雙節棍	陳銘遠著	150 元
8. 格鬥空手道	鄭旭旭編著	200 元
9. 實用跆拳道	陳國榮編著	200 元
10. 武術初學指南	李文英、解守德編著	250 元
11. 泰國拳	陳國榮著	180 元
12. 中國式摔跤	黃 斌編著	180 元
13. 太極劍入門	李德印編著	180 元
14. 太極拳運動	運動司編	250 元
15. 太極拳譜	清・王宗岳等著	280 元
16. 散手初學	冷 峰編著	200 元
17. 南拳	朱瑞琪編著	180 元
18. 吳式太極劍	王培生著	200 元
19. 太極拳健身與技擊	王培生著	250 元
20. 秘傳武當八卦掌	狄兆龍著	250 元
21. 太極拳論譚	沈 壽著	250 元
22. 陳式太極拳技擊法	馬 虹著	250 元
23. 三十四式 太極劍	闞桂香著	180 元
24. 楊式秘傳 129 式太極長拳	張楚全著	280 元
25. 楊式太極拳架詳解	林炳堯著	280 元
26. 華佗五禽劍	劉時榮著	180 元
27. 太極拳基礎講座：基本功與簡化 24 式	李德印著	250 元

28. 武式太極拳精華	薛乃印著	200 元
29. 陳式太極拳拳理闡微	馬 虹著	350 元
30. 陳式太極拳體用全書	馬 虹著	400 元
31. 張三豐太極拳	陳占奎著	200 元
32. 中國太極推手	張 山主編	300 元
33. 48 式太極拳入門	門惠豐編著	220 元
34. 太極拳奇人奇功	嚴翰秀編著	250 元
35. 心意門秘籍	李新民編著	220 元
36. 三才門乾坤戊己功	王培生編著	220 元
37. 武式太極劍精華 +VCD	薛乃印編著	350 元
38. 楊式太極拳	傅鐘文演述	200 元
39. 陳式太極拳、劍 36 式	闞桂香編著	250 元
40. 正宗武式太極拳	薛乃印著	220 元
41. 杜元化＜太極拳正宗＞考析	王海洲等著	300 元
42. ＜珍貴版＞陳式太極拳	沈家楨著	280 元
43. 24 式太極拳＋VCD	中國國家體育總局著	350 元
44. 太極推手絕技	安在峰編著	250 元
45. 孫祿堂武學錄	孫祿堂著	300 元
46. ＜珍貴本＞陳式太極拳精選	馮志強著	280 元
47. 武當趙保太極拳小架	鄭悟清傳授	250 元

・原地太極拳系列・大展編號 11

1. 原地綜合太極拳 24 式	胡啟賢創編	220 元
2. 原地活步太極拳 42 式	胡啟賢創編	200 元
3. 原地簡化太極拳 24 式	胡啟賢創編	200 元
4. 原地太極拳 12 式	胡啟賢創編	200 元

・道 學 文 化・大展編號 12

1. 道在養生：道教長壽術	郝 勤等著	250 元
2. 龍虎丹道：道教內丹術	郝 勤著	300 元
3. 天上人間：道教神仙譜系	黃德海著	250 元
4. 步罡踏斗：道教祭禮儀典	張澤洪著	250 元
5. 道醫窺秘：道教醫學康復術	王慶餘等著	250 元
6. 勸善成仙：道教生命倫理	李 剛著	250 元
7. 洞天福地：道教宮觀勝境	沙銘壽著	250 元
8. 青詞碧簫：道教文學藝術	楊光文等著	250 元
9. 沈博絕麗：道教格言精粹	朱耕發等著	250 元

・易 學 智 慧・大展編號 122

1. 易學與管理	余敦康主編	250 元

2.	易學與養生	劉長林等著	300元
3.	易學與美學	劉綱紀等著	300元
4.	易學與科技	董光壁著	280元
5.	易學與建築	韓增祿著	280元
6.	易學源流	鄭萬耕著	280元
7.	易學的思維	傅雲龍等著	250元
8.	周易與易圖	李　申著	250元

・神算大師・大展編號123・

1.	劉伯溫神算兵法	應　涵編著	280元
2.	姜太公神算兵法	應　涵編著	280元
3.	鬼谷子神算兵法	應　涵編著	280元
4.	諸葛亮神算兵法	應　涵編著	280元

・秘傳占卜系列・大展編號14

1.	手相術	淺野八郎著	180元
2.	人相術	淺野八郎著	180元
3.	西洋占星術	淺野八郎著	180元
4.	中國神奇占卜	淺野八郎著	150元
5.	夢判斷	淺野八郎著	150元
6.	前世、來世占卜	淺野八郎著	150元
7.	法國式血型學	淺野八郎著	150元
8.	靈感、符咒學	淺野八郎著	150元
9.	紙牌占卜術	淺野八郎著	150元
10.	ESP 超能力占卜	淺野八郎著	150元
11.	猶太數的秘術	淺野八郎著	150元
12.	新心理測驗	淺野八郎著	160元
13.	塔羅牌預言秘法	淺野八郎著	200元

・趣味心理講座・大展編號15

1.	性格測驗	探索男與女	淺野八郎著	140元
2.	性格測驗	透視人心奧秘	淺野八郎著	140元
3.	性格測驗	發現陌生的自己	淺野八郎著	140元
4.	性格測驗	發現你的真面目	淺野八郎著	140元
5.	性格測驗	讓你們吃驚	淺野八郎著	140元
6.	性格測驗	洞穿心理盲點	淺野八郎著	140元
7.	性格測驗	探索對方心理	淺野八郎著	140元
8.	性格測驗	由吃認識自己	淺野八郎著	160元
9.	性格測驗	戀愛知多少	淺野八郎著	160元
10.	性格測驗	由裝扮瞭解人心	淺野八郎著	160元

國家圖書館出版品預行編目資料

中華古今兵械圖考／裴錫榮　韓明華　江松友編著
——初版，——臺北市，大展，2002 年〔民 91〕
面；21 公分，——（中華傳統武術；1）
ISBN 957 - 468 - 162 - 9 （平裝）

1. 兵器—中國
793.62　　　　　　　　　　　　　　　　91013899

北京人民體育出版社授權中文繁體字版

中華古今兵械圖考

ISBN 957 - 468 - 162 - 9

編　　者／裴錫榮　韓明華　江松友
責任編輯／趙振平
發 行 人／蔡森明
出 版 者／大展出版社有限公司
社　　址／台北市北投區（石牌）致遠一路 2 段 12 巷 1 號
電　　話／（02）28236031・28236033・28233123
傳　　眞／（02）28272069
郵政劃撥／01669551
E - mail ／ dah_jaan @ yahoo.com.tw
登 記 證／局版臺業字第 2171 號
承 印 者／高星印刷品行
裝　　訂／日新裝訂所
排 版 者／弘益電腦排版有限公司
初版 1 刷／2002 年（民 91 年）10 月

定　價／280 元